C
QUESTIONS

STEPHEN OWEN RULE

Hunan-gyhoeddwyd gyda hawlfraint
© 2021 gan Stephen Rule

Cedwir pob hawl. Ni chaniateir ailgyhoeddi neu ddefnyddio unrhyw ran o'r llyfr hwn mewn unrhyw fodd heb ganiatâd perchennog yr hawlfraint ar wahân i ddyfyniadau mewn adolygiad llyfr. Am ragor o wybodaeth, cyfeiriad e-bost: stecymru14@gmail.com.

Argraffiad llyfr / e-lyfr cyntaf: Rhagfyr 2021

ISBN: 9798774777815

Dyluniad y clawr gan Stephen Rule

Self-published and copyrighted © 2021 by Stephen Rule

All rights reserved. No part of this book may be reproduced or used in any manner without written permission of the copyright owner except for the use of quotations in a book review. For more information, email address: stecymru14@gmail.com.

First paperback / e-book edition: December 2021

ISBN: 9798774777815

Cover design by Stephen Rule

OTHER BOOKS BY STEPHEN OWEN RULE

WELSH AND I
ISBN: 9798669438609

CELTIC QUICK-FIX
ISBN: 9798585857645

THE FORGOTTEN CIRCLE
ISBN: 979804158080

THE SUREXIT SECRET
ISBN: 9798711837435

GEIRIADUR CYMRAEG-SESOTHO BUKANTSWE
ISBN: 9798717163989

CYMRAEG EFO FFRIND
ISBN: 9798531490421

SAVING CAERWYDDNO
ISBN: 9798717273046

GOP
ISBN: 9798755456661

PWYSIG: DARLLENWCH CYN CYCHWYN
IMPORTANT: READ BEFORE STARTING

The dialect used in this book is largely standardised northern with smatterings of north-eastern Welsh – although other versions are included throughout.

Questions posed in the second person are always singular/informal, ie the *'ti'* form is used, never the *'chi.'*

The way I've expressed each question (as well as the language on the explanation pages) employs not only terminology and phrasing found in northern Welsh, but also drops letters and sounds where native speakers would also omit them. I have included all apostrophes where letters have been omitted, although some speakers may also drop these when writing.

How this book works

Left-hand side of double page	Right-hand side of double page
↓	↓

Question	A general English translation of the question
Each question will be displayed on the left-hand side of the double page for clear access. The first 50 questions are designed to be chosen at random to spark conversation with other Welsh speakers or learners. These can also be used when practising alone where the user will ask the question(s) to themselves and forge a potential answer. The second 50 are more situation-based and can be revised for 'off-the-cuff' chatting.	NB Other translations might be acceptable, but the general idea will stand.

On the right-hand side, additional rows:

Explanation of dialectal nuances and other interesting terminology in each question.

Potential avenues for answering each question. This section includes example sentence structures as well as return questions.

| **Additional vocabulary** that the user might find useful when answering each question. | **Other ways of asking the question:** **Southern** = How the question might be heard/said in south Wales. **Standard** = Version of question as taught in schools. **Formal** = As close to formal Welsh without delving too deeply into literary language. |

Pam 'nest ti ddewis dysgu Cymraeg?

Why did you choose to learn Welsh?

NODIADAU GRAMADEGOL | *Grammatical Notes*

- Once again, owing to it being a concise form of the verb **gwneud**, **'nest ti** has caused a soft mutation.
- **Dewis** (*to choose*) is also the same as a noun (*a choice*). Having the same word for a verb and a noun is much rarer in Welsh than in English. Others include **newid** (*to change & [some] change*) and **ateb** (*to answer & an answer*).

YMATEBION ENGHREIFFTIOL | *Example Responses*

- **Achos dw i'n Gymro/Gymraes** = *Because I'm Welsh (m./f.)*
- **Achos 'nes i symud yma** = *Because I moved here*
- **Achos dw i'n licio ieithoedd** = *Because I like languages*
- **Mae'n helpu efo job fi** = *It helps with my job*
- **Ro'n i wastad isio** = *I always wanted to*

• **ddiddorol** = *interesting* • **bwysig** = *important* • **ddefnyddiol** = *useful* • **helpu efo fy nghwaith** = *help(s) with my work* • **rhan o'n** = *(a) part of our*	**Southern:** Pam dewisest ti ddysgu Cymra'g? **Standard:** Pam dewisaist ti ddysgu Cymraeg? **Formal:** Pam dewisaist ddysgu'r Gymraeg?

Lle est ti ar wyliau d'wetha'?

Where did you go on holiday last?

NODIADAU GRAMADEGOL | *Grammatical Notes*

- **Est ti** can also be expressed as **mi est ti**, **(mi) 'nest ti fynd** or **ddaru di fynd**.
- **Ar** (= on) always causes a soft mutation.
- **D'wetha'** is a contracted form of **d(d)iwethaf**.

YMATEBION ENGHREIFFTIOL | *Example Responses*

- **(Mi) es i i...** = *I went to...*
- **Ddaru fi fynd i...** = *I went to...*
- **Rhywle yn...** = *Somewhere in...*
- **'Naethon ni...** = *We [did something]...*
- **Dw i methu cofio** = *I can't remember*

• **mynd i'r** = *to go to the*	**Southern:** Ble est ti ar wylie d'witha'?
• **ymweld â** = *to visit [with]*	**Standard:** Ble est ti ar wyliau ddiwethaf?
• **teithio** = to travel	**Formal:** Ble est ti ar wyliau ddiwethaf?
• **torheulo** = *to sunbathe*	
• **mordaith** = *(a) cruise*	
• **awyren** = *aeroplane*	

Pa ffilmiau ti'n licio?

Which films do you like?

NODIADAU GRAMADEGOL | *Grammatical Notes*

- In this instance, the **wyt** before **ti'n** has been dropped.
- Once again, **licio** is interchangeable with **hoffi**.
- In the north east and in most dialects of the south, the plural suffix **–(i)au** is often said as **–(i)e**. In the north west it's heard as **–(i)a** > compare; **ffilmie, ffilmia, ffilmiau**.

YMATEBION ENGHREIFFTIOL | *Example Responses*

- **Dw i'n licio...** = *I like...*
- **Dw i wrth fy modd efo...** = *I'm in love with...*
- **'Swn i wastad yn gwylio...** = *I'd always watch...*
- **Dw i'm yn gwylio lot o ffilmie** = *I don't watch many films*
- **Be' bynnag sy' yn y sinema** = *Whatever's in the cinema*

- **gweld** = *to see* - **gwylio** = *to watch* - **gwatsho** = *to watch* - **be' bynnag** = *whatever* - **ffrydio** = *to stream* - **serennu** = *to star, starring*	**Southern:** Pa ffilmie ti'n lico/hoffi? **Standard:** Pa ffilmiau wyt ti'n hoffi? **Formal:** Pa ffilmiau wyt ti'n [eu] hoffi?

Faint o ieithoedd 'sa ti'n licio siarad?

How many languages would you like to speak?

NODIADAU GRAMADEGOL | *Grammatical Notes*

- Notice how the '**a**' in **iaith** becomes '**e**' now the emphatic accent has moved in the word. This happens elsewhere too; **gwaith** (*work*) > **gweithio** (*to work*), **saith** (*seven*) > **seithfed** (*seventh*) etc.
- '**sa** here is a common shortening of **faset** (*would you*).

YMATEBION ENGHREIFFTIOL | *Example Responses*

- **Gymaint â phosib** = *As many as possible*
- **'Swn i'n caru dysgu...** = *I'd love to learn...*
- **Dw i'n stryglo efo 'mond un!** = *I struggle with only one*
- **Dw i'n dysgu ___ rŵan** = *I'm learning ___ now*
- **Achos 'sa'n...** = *because it would (be)...*

- **ddiddorol** = *interesting*
- **bwysig** = *important*
- **ddefnyddiol** = *useful*
- **helpu efo fy nghwaith** = *help(s) with my work*
- **anodd** = *difficult*
- **ar hyn o bryd** = *at the moment*

Southern: Faint o ieithoedd fyddet ti'n hoffi siarad?
Standard: Faint o ieithoedd fyddet/faset ti'n hoffi siarad?
Formal: Sawl iaith fyddet/fuaset yn hoffi (eu) siarad?

Pryd fydd gen ti amser sbâr nesa'?

When will you next have spare time?

NODIADAU GRAMADEGOL | *Grammatical Notes*

- Here we notice how **oes gen ti?** (*have you got?*) has become **fydd gen ti** (*will you have?*).
- **Sbâr** is lifted straight from '*spare*' in English and means such. **Rhydd** (*free, liberal*) can be substituted here.

YMATEBION ENGHREIFFTIOL | *Example Responses*

- **Ar ôl i fi orffen hwn** = *After I finish this*
- **Pan fydd hwn drosodd** = *When this is over*
- **Dw i ar gael penwsos 'ma** = *I'm available this weekend*
- **Ar ddydd __, mwy na thebyg** = *On __day, more than likely*
- **Wna' i checio i ti** = *I'll check for you*
- **Dw i byth yn cael amser sbâr!** = *I never get spare time!*
- **Dw i off ar y penwsos** = *I'm off on the weekend*
- **Gen i wsos ar ddiwedd y mis** = *I've got a week at the end of the month*

• **gwyliau** = *holiday(s)* • **planiau** = *plans* • **nesa'** = *next* • **pryd bynnag** = *whenever* • **byth** = *never*	• **Southern:** Pryd fydd 'da ti amser sbâr nesa'? • **Standard:** Pryd fydd gen'/'da ti amser rhydd nesaf? • **Formal:** Pryd bydd gennyt amser rhydd nesaf?

Un o le wyt ti?

Where are you from?

NODIADAU GRAMADEGOL | *Grammatical Notes*

- **Un** clearly translates as *one*. Literally, we can translate this question as *'one from where are you?'*
- *Where* causes confusion at times. The correct term for the question is **ble**, where *a place* is **lle**. However, across the north, people use **lle** for both.

YMATEBION ENGHREIFFTIOL | *Example Responses*

- **O ___ 'dw i** = *From ___ am I / I'm from ___*
- **Dw i'n dod o...** = *I come from...*
- **Dw i'n byw yn ___ bellach** = *I live in ___ nowadays*
- **Ro'n i'n arfer byw yn...** = *I used to live in...*
- **'Dw i'n edrych am dŷ yn...** = *I'm looking for a house in...*

- **yn wreiddiol** = *originally*
- **ers blynyddoedd** = *since/for years*
- **ges i 'ngeni** = *I was born*
- **chwilio am** = *to search for (a)*
- **trigo** = *to reside*
- **dyddiau hyn** = *these days*

- **Southern:** Un o le wyt ti?
- **Standard:** [Un] o ble wyt ti?
- **Formal:** [Un] o ba le yr wyt?

Lle est ti i'r ysgol?

Where did you go to school?

NODIADAU GRAMADEGOL | *Grammatical Notes*

- Southern folk may well know **ble** as the way to ask *where*. **Lle** tends to be used in north Wales.
- Eagle-eyed readers will have noticed the fact that the end of this question actually translates as '*to the school*'. This is perfectly correct and should be done in English too!

YMATEBION ENGHREIFFTIOL | *Example Responses*

- **Es i i...** = *I went to...*
- **Yr un yn...** = *The one in...*
- **'Nes i fynychu...** = *I attended...*
- **'Nes i astudio yn...** = *I studied in...*
- **Ti'n gw'bo' lle mae...?** = *D'ya know where... is?*

- **ysgol gynradd** = *primary school*
- **ysgol uwchradd** = *secondary school*
- **coleg** = *college*
- **prifysgol** = *university*
- **ysgol breswyl** = *boarding school*
- **athrawon** = *teachers*

- **Southern:** Ble est ti i'r ysgol?
- **Standard:** Ble est ti i'r ysgol?
- **Formal:** Ble est ti i'r ysgol?

'Sa' ti'n cael tatŵ (arall)?

Would you get (another) tattoo?

NODIADAU GRAMADEGOL | *Grammatical Notes*

- **'Sa' ti'n** is short for **f(u)aset ti'n**.
- **Cael** is a useful verb meaning *to have*, *to get*, or *to be allowed to*. It can **not** be used to show possession.
- A few years ago I got annoyed with the word '**tatŵ**' as a direct lifting from English... so I came up with **croenlun** (**croen** = *skin*, **llun** = *picture*). What d'ya reckon?

YMATEBION ENGHREIFFTIOL | *Example Responses*

- 'Swn i'n cael mwy = *I'd get more*
- Mwy na thebyg = *More than likely*
- Dw i'm isio un arall = *I don't want another [one]*
- Mae gen i <u>un</u> yn barod = *I've got <u>one</u> already*
- Dw i'm yn gw'bod be' i gael = *I don't know what to get*

- **brifo** = *to hurt*
- **mae'n brifo** = *it hurts*
- **ar fy...** = *on my...*
- **rhy ofn** = *too scared*
- **rhywbryd** = *sometime*

- **Southern:** Fyddet ti'n cael tatŵ (arall)?
- **Standard:** Fyddet/Faset ti'n cael tatŵ (arall)?
- **Formal:** A fyddet/faset ti'n cael tatŵ (arall)?

Be' ti'n licio ar bitsa?

What do you like on a pizza?

NODIADAU GRAMADEGOL | *Grammatical Notes*

- Notice how the preposition **ar** has caused a soft mutation. Most prepositions do this.
- If you or the person to whom you're asking this question says that **pinafal** is okay on a pizza, you're wrong!

YMATEBION ENGHREIFFTIOL | *Example Responses*

- **Dw i'n cael...** = *I have/get...*
- **Dw i wastad yn ordro...** = *I always order...*
- **Mae'n dibynnu (ar)** = *It depends (on)*
- **Well gen i kebab** = *I prefer a kebab*
- **Ti wir yn licio...?** = *Do you really/actually like...?*

- **pinafal** = *pineapple*
- **gor'o cael** = *gotta have*
- **ond dim...** = *but no...*
- **archebu** = *to order*
- **ar yr ochr** = *on the side*
- **bara garlleg** = *garlic bread*

- **Southern:** Beth (w') ti mo'yn ar bitsa?
- **Standard:** Beth wyt ti eisiau ar bitsa?
- **Formal:** Beth sydd eisiau arnat ar bitsa?

Ti 'di gweld be' sy' yn y sinema?

Have you seen what's in the cinema?

NODIADAU GRAMADEGOL | *Grammatical Notes*

- Many have encountered **wedi** at some point; *has/have [done something]* or *past*. Often, it's shortened to **'di** > **hanner 'di pump** = *half past five*, **dw i 'di gweld** = *I've seen*.
- **Sy'** (from **sydd**) is another that throws learners. If you're looking for a quick fix, it translates as *'who/which/that + is/are/do/does'*. Easy peasy!

YMATEBION ENGHREIFFTIOL | *Example Responses*

- **Do / Naddo** = *Yes / No*
- **Do, mae'n edrych yn <u>wych</u>** = *Yes, it looks <u>great</u>*
- **Do, dw i'm yn boddyrd!** = *Yes, I'm not bothered!*
- **Naddo, be' ydy o?** = *No, what is it?*
- **Pa un?** = *Which one?*

- **gwylio** = *to watch*
- **isio gwylio** = *want to watch*
- **gor'o gwylio** = *gotta watch*
- **y ffilm 'na** = *that film*
- **actio** = *to act*

Southern: (W') ti 'di gwel(d) be' sy' yn y sinema?
Standard: Wyt ti wedi gweld beth sy' yn y sinema?
Formal: A wyt wedi gweld beth sydd yn y sinema?

Lle o'dd dy hoff le i fynd pan o't ti'n ifanc?

Where was your favourite place to go when you were young?

NODIADAU GRAMADEGOL | Grammatical Notes

- **O'dd** and **o't** are contractions of **(r)oedd** and **(r)oeddet** respectively.
- **Hoff** (*favourite*) comes <u>before</u> the noun and causes a soft mutation on it.

YMATEBION ENGHREIFFTIOL | Example Responses

- **'On i'n licio mynd i'r...** = *I used to like going to the...*
- **Roedd 'na ___ yn y <u>pentre</u>'** = *There was a ___ in the <u>village</u>*
- **Es i i __ lot efo'r teulu** = *I went to __ a lot with the family*
- **Dw i'n cofio mynd i...** = *I remember going to...*
- **Dw i'm yn cofio** = *I don't remember*

- **ar lan y môr** = *the seaside*
- **y goedwig** = *the forest*
- **y pren** = *the forest*
- **i'r <u>parc</u>** = *to the <u>park</u>*
- **atgofion** = *memories*
- **bob man** = *everywhere*

- **Southern:** Ble o'dd dy hoff le i fynd pan o' ti'n ifanc?
- **Standard:** Ble oedd dy hoff le i fynd pan oeddet ti'n ifanc?
- **Formal:** Ble oedd dy hoff le i fynd pan oeddet ti'n ifanc?

Pam 'nest ti wenu dd'wetha?

Why did you smile last?

NODIADAU GRAMADEGOL | *Grammatical Notes*

- **'Nest ti wenu** can also be expressed as **(g)wenest ti** or **ddaru di wenu**.
- **Dd'wetha'** is a contraction of **(d)diwethaf**.

YMATEBION ENGHREIFFTIOL | *Example Responses*

- **Achos 'nes i weld...** = *Because I saw (a)...*
- **Achos ro'n i'n <u>hapus</u>** = *Because I was <u>happy</u>*
- **Achos roedd y(r) ___ yn...** = *Because the ___ was/were...*
- **Roedd ffrindie fi rownd** = *My friends were round*
- **Fedra i'm yn cofio** = *I can't remember*
- **Dw i byth yn gwenu!** = *I never smile!*

- **gyffrous** = *excited*
- **andros o <u>hapus</u>** = *extremely <u>happy</u>*
- **ces i weld ___** = *I got to see ___*
- **amser da** = *(a) good time*
- **i fod yn...** = *to be (in)...*

Southern: Pam gwenest ti ddiwetha'?
Standard: Pam gwenaist ti ddiwethaf?
Formal: Pam gwenaist ddiwethaf?

Be' 'sa' ti'n licio 'Dolig?

What would you like [for] Christmas?

NODIADAU GRAMADEGOL | *Grammatical Notes*

- Once again, **'sa' ti'n** is short for **f(u)aset ti'n**.
- **'Dolig** comes from **Nadolig** – a common shortening.

YMATEBION ENGHREIFFTIOL | *Example Responses*

- **Dw i'm yn gw'bod!** = *I don't know!*
- **'Swn i'n licio...** = *I'd like (a/to)...*
- **Faint t'isio gwario?** = *How much you want to spend?*
- **Gad i fi nôl y catalog** = *Let me fetch the catalogue*
- **Sbïa ar 'wish list' fi** = *Look at my wish list*
- **Be' am...?** = *What about (a)...?*

• **anrheg** = *(a) gift, present*
 • **___ newydd** = *(a) new ___*
 • **r'wbeth <u>Cymreig</u>**
   = *something <u>Welsh</u>*
 • **r'wbeth o...**
   = *something from...*
	Southern: Be' fyddet ti'n lico 'Dolig?
	 Standard: Beth faset/fyddet ti'n hoffi [am] [y] Nadolig?
	 Formal: Beth fyddet/fuaset ti'n hoffi [am] y Nadolig?

Sawl plentyn sy' gen ti?

How many children do you have?

NODIADAU GRAMADEGOL | *Grammatical Notes*

- **Sawl**, like **faint**, asks *how much* or *how many*. **Sawl** always requires a <u>singular noun</u> to follow.
- **Sy' gen ti** strictly translates as *'which are with you.'*

YMATEBION ENGHREIFFTIOL | *Example Responses*

- **'Sgen i ddim plant** = *I don't have any children*
- **Ma' nhw'n <u>un</u> a <u>naw</u> [oed]** = *They're <u>one</u> and <u>nine</u>*
- **Mae gen i <u>dri</u> o blant** = *I've got <u>three</u> children*
- **'Den ni ddim isio plant** = *We don't want children*
- **Dw i methu edrych ar ôl fy hun!** = *I can't look after myself!*

• **mae o'n...** = *he's (a)...* • **mae hi'n...** = *she's (a)...* • **eto** = *yet, again* • **oed** = *years of age* • **mwy** = *more* • **nith / nai** = *niece / nephew*	**Southern:** Sawl plentyn sy' 'da ti? **Standard:** Sawl plentyn sy' gen/'da ti? **Formal:** Sawl plentyn sydd gennyt?

Pwy ydy dy hoff gymeriad mewn ffilm?

Who's your favourite character in a film?

NODIADAU GRAMADEGOL | *Grammatical Notes*

- As mentioned earlier, **hoff** (compare: **hoffi**) means *favourite* – it precedes any noun & causes a soft mutation.
- **Mewn** is the only time Welsh recognises the indefinite article (a). **Yn** = in, **mewn** = in a.

ATEBION ENGHREIFFTIOL | *Example Responses*

- **Dw i'n licio...** = *I like...*
- **Dw i wrth fy modd efo...** = *I really love...*
- **Fy hoff gymeriad ydy...** = *My favourite character is...*
- **Achos dw i'n ffansïo <u>nhw</u>** = *Because I fancy <u>them</u>*
- **Ti 'di gweld ___ yn hwnna?** = *Have you seen ___ in that?*

• **serennu** = to star
 • **actio** = to act
 • **mae'i gymeriad yn...**
   = *his character is...*
 • **mae'i chymeriad yn...**
   = *her character is...*
	• **Southern:** Pwy yw dy hoff gymeriad mewn ffilm?
	 • **Standard:** Pwy ydy/yw dy hoff gymeriad mewn ffilm?
	 • **Formal:** Pwy ydyw dy hoff gymeriad mewn ffilm?

Be' 'sa' ti'n licio 'neud penwsos 'ma?

What would you like to do this weekend?

NODIADAU GRAMADEGOL | *Grammatical Notes*

- Plenty of contractions in here. **Be'** < Beth, **'sa'** < f(u)aset, **'neud** < gwneud, **penwsos** < penwythnos, **'ma** < yma. Check the dialectal and literary variations below.

YMATEBION ENGHREIFFTIOL | *Example Responses*

- **'Swn i'n licio...** = *I'd like to...*
- **'Swn i'm yn meindio...** = *I wouldn't mind...*
- **Dw i isio...** = *I want (a/to)...*
- **Be' am...?** = *What about...?*
- **Mae 'na ___ yn y dre'** = *There's a ___ in the town*

• **mynd i'r** = *to go to the* • **mynd i weld** = *to go to see* • **mynd am** = *to go for (a)* • **ymweld â** = *to visit [with]* • **cyfarfod** = *to meet* • **nôl <u>paned</u>** = *grab a <u>brew</u>*	**Southern:** Beth fyddet ti'n lico 'neud penwythnos 'ma? **Standard:** Beth faset ti'n hoffi gwneud penwythnos yma? **Formal:** Beth fyddet/fuaset ti'n hoffi ei wneud y benwythnos hon?

Ti'n 'neud r'wbeth penwsos 'ma?

Are you doing something this weekend?

NODIADAU GRAMADEGOL | *Grammatical Notes*

- **'Neud** (from **gwneud** – *to do, to make*) is often shortened in most dialects.
- Just like **wythnos** (*week*) is often shortened to **wsos** (or **wsnoth**), so too can **penwythnos** (*weekend*) be shortened.
- **Rhywbeth** is a common way of shortening **unrhyw beth**.

ATEBION ENGHREIFFTIOL | *Example Responses*

- **Y(n)dw, dw i'n brysur** = *Yes, I'm busy*
- **Na'dw, dim planie** = *No, no plans*
- **'On i'n meddwl am...** = *I was thinking about...*
- **Dw i'm yn siŵr eto** = *I'm not sure yet*
- **'Sgen i'm syniad!** = *I've got no idea!*
- **Ty'd i ___ efo ni** = *Come to ___ with us*

- **mynd i'r** = *go(ing) to the*
- **ymweld â** = *visit(ing) [with]*
- **ma' gen' i...** = *I've got (a)*
- **cyfarfod** = *to meet, a meeting*

Southern: (W') ti'n 'neud rhywbeth penwythnos 'ma?
Standard: Wyt ti'n gwneud rhywbeth benwythnos hon?
Formal: A wyt yn gwneud rhywbeth y benwythnos hon?

Pryd 'sa' ti'n mynd i'r gwely fel arfer?

When would you go to bed usually?

NODIADAU GRAMADEGOL | *Grammatical Notes*

- As with words like **ysbyty** (*hospital*), **ysgol** (*school*), **gwaith** (*work*) et al, we always add the definite article **y(r)** (*the*) before them. This should also be done in English but is rare these days.
- **Fel arfer** can be a really handy phrase, not least because it means both *usually* and *as usual*.

YMATEBION ENGHREIFFTIOL | *Example Responses*

- **'Swn i'n mynd tua...** = *I'd go about...*
- **Dibynnu ar y...** = *Depends on the...*
- **Dibynnu be' sy' ar y teledu** = *Depends what's on TV*
- **Dw i'n tueddi i fynd am...** = *I tend to go at...*
- **Dw i gor'o bod yn cysgu erbyn** = *I've gotta be sleeping by*
- **'On i'n arfer mynd am...** = *I used to go at...*

• **fel arfer** = *usually, as usual* • **pan dw i'n...** = *when I('m)...* • **i fyny** = *up* • **grisiau, steirie** = *stairs* • **'di blino'n lân** = *knackered*	**Southern:** Pryd fyddet ti'n mynd i'r gwely fel arfer? **Standard:** Pryd fyddet/faset ti'n mynd i'r gwely fel arfer? **Formal:** Pryd fyddet/fuaset ti'n mynd i'r gwely fel arfer?

Sut ti'n teimlo heddiw?

How are you feeling today?

NODIADAU GRAMADEGOL | *Grammatical Notes*

- Once again, **wyt** has been omitted before the **ti**.
- **Heddiw** is often pronounced without the final 'w' in some dialects; especially southern ones > **heddi'**

YMATEBION ENGHREIFFTIOL | *Example Responses*

- **Ddim yn ddrwg** = Not <u>bad</u>
- **Well heddiw** = *Better today*
- **Ddim cystal** = *Not as good*
- **Well na ddoe** = *Better than yesterday*
- **Iawn, diolch** = <u>Alright</u>, thanks
- **Methu cwyno, 'de** = *Can't complain, like*

• **iawn** = *ok, alright* • **gweddol** = *middling* • **sâl** = *ill, sick* • **trist** = *sad* • **gwaeth (na)** = *worse (than)* • **dw i'm yn...** = *I'm not...*	**Southern:** Shwt (w') ti'n t(e)imlo heddi'? **Standard:** Sut wyt ti'n teimlo heddiw? **Formal:** Sut wyt yn teimlo heddiw?

Faint o'r gloch ti'n cael brecwast?

What time do you have breakfast?

NODIADAU GRAMADEGOL | *Grammatical Notes*

- Many years ago, speakers in the north east pronounced **faint** as **praint**.
- **O'r gloch** (*of the bell*) means '*o'clock*'. In Welsh, we ask/say *how many* chimes *of the bell* there have been.
- **Cael** means *to have*, *to get*, or *to be allowed to*. It <u>cannot</u>, however, be used to show possession.

YMATEBION ENGHREIFFTIOL | *Example Responses*

- **Dw i'n cael brecwast am...** = *I have breakfast at...*
- ___ **o'r gloch** = ___ *o'clock*
- **Dw i 'mond yn cael paned** = *I only have a brew/cuppa*
- **Dibynnu pryd dwi'n gweithio** = *Depends when I'm working*
- **Dwi byth yn cael** = *I never have [it]*

- **tua** = *approximately, about*
- **mae'n debyg** = *probably*
- **ella** = *maybe, perhaps*
- **yn y bore** = *in the morning*
- **deffro** = *to wake up*

Southern: Faint o'r gloch (w') ti'n cael brecwast?
Standard: Faint o'r gloch wyt ti'n cael brecwast?
Formal: Faint o'r gloch wyt yn cael brecwast?

Pam 'sgen ti'm pres?

Why don't you have [any] money?

NODIADAU GRAMADEGOL | *Grammatical Notes*

- For those confused by the contractions, **'sgen ti'm** comes from **does gen ti ddim**.
- **Pres** is another term for **arian. arian** means **silver**, **PRES** translates as **brass**.

YMATEBION ENGHREIFFTIOL | *Example Responses*

- **Es i allan neithiwr** = *I went out last night*
- **Dw i gor'o talu...** = *I've got to pay...*
- **Ma' gen' i blant!** = *I've got children*
- **Ma' 'Dolig newydd fod** = *Christmas has just been*
- **Dw i 'di colli job fi** = *I've lost my job*
- **Ma' arna' i bres i...** = *I owe money to...*

- **gwario** = *to spend*
- **wedi gwario** = *have spent*
- **bil(iau)** = *bill(s)*
- **anrheg i** = *a gift for*
- **cerdyn credid** = *credit card*

Southern: Pam 's'da ti ddim arian?
Standard: Pam does gen/'da ti ddim arian?
Formal: Pam nad oes arian gennyt?

Be' ydy dy hoff liw?

What's your favourite colour?

NODIADAU GRAMADEGOL | *Grammatical Notes*

- Although **dy ___** is the best way to express **your ___**, the fact **dy** is followed by a soft mutation often encourages speakers to simply say **___ ti** (*[the] ___ [of] you*). Compare how we show possession in the 3rd person singular; **car Bedwyr** = *Bedwyr's car* (< *[the] car of Bedwyr]*.

YMATEBION ENGHREIFFTIOL | *Example Responses*

- **Dw i'n licio <u>coch</u>** = *I like <u>red</u>*
- **Hoff liw fi ydy <u>gwyrdd</u>** = *My favourite colour is <u>green</u>*
- **Mae plant fi'n licio...** = *My children like...*
- **'Sgen i ddim hoff liw** = *I haven't got a favourite colour*
- **R'wbeth ond glas!** = *Anything but blue!*

- **mae'n <u>hyfryd</u>** = *it's <u>lovely</u>*
- **mae'n atgoffa fi o** = *it reminds me of*
- **amryliw** = *multicoloured*
- **lliw <u>del</u>** = *(a) <u>pretty</u> colour*
- **___ golau** = *light ___*
- **___ tywyll** = *dark ___*

Southern: Beth yw dy hoff liw?
Standard: Beth yw/ydy dy hoff liw [di]?
Formal: Beth yw dy hoff liw?

'Sgen ti hoff gêm?

Have you got a favourite game?

NODIADAU GRAMADEGOL | *Grammatical Notes*

- **'Sgen ti** is a shortened form of **oes gen' ti**.
- Although **gêm** is a feminine noun, it won't mutate after **hoff** due it being a borrowed word... and it'd sound silly!

YMATEBION ENGHREIFFTIOL | *Example Responses*

- **Hoff gêm fi ydy...** = *My favourite game is...*
- **Well gen i...** = *I prefer...*
- **Ti erioed 'di chwar'e...?** = *Have you ever played...?*
- **Dw i methu diodde'...** = *I can't stand...*
- **'Swn i'n gwylio r'wbeth** = *I'd watch anything*
- **Ty'd â thawlbwrdd 'nôl** = *Bring back hnefatafl!*

• **gêm fwrdd** = *boardgame*	• **Southern:** (O's / Wes) 'da ti hoff gêm?
• **gwyddbwyll** = *chess*	• **Standard:** Oes gen'/'da ti hoff gêm?
• **Sgrabl Cymraeg** = *Welsh Scrabble*	
• **r'wbeth ond** = *anything but*	• **Formal:** A oes hoff gêm gennyt?
• **chwarae** = *to play*	
• **joio** = *to enjoy*	

Sawl clustog ti'n cysgu efo?

How many pillows do you sleep with?

NODIADAU GRAMADEGOL | *Grammatical Notes*

- Remember, the difference between **sawl** and **faint** is that the former couples with singular nouns and the latter links with plural nouns (after '**o**'). Many years ago, **faint** was pronounced as **praint** in the north east.
- **Clustog**, unsurprisingly, derives from the word **clust** (*ear*). Can't think why!

YMATEBION ENGHREIFFTIOL | *Example Responses*

- **Dw i'n cysgo efo <u>saith</u>** = *I sleep with <u>seven</u>*
- **Dw i gor'o cael o leia' <u>tri</u>** = *I've gotta have at least <u>three</u>*
- **'Swn i'n iawn efo <u>dau</u>** = *I'd be alright with <u>two</u>*
- **Dw i'm yn iwsio un** = *I don't use one*
- **'Sdim ots gen i** = *I don't care*

- **cwsg** = *(a) sleep*
- **noson** = *(a) night*
- **gwely** = *(a) bed*
- **dillad gweld** = *bed covers*
- **cynnes** = *warm*

Southern: Sawl clustog (w') ti'n cysgu 'da [nhw]?
Standard: Sawl clustog wyt ti'n cysgu gyda?
Formal: Gyda sawl clustog wyt yn cysgu?

'Sgen ti hoff fwyd?

Do you have a favourite food?

NODIADAU GRAMADEGOL | *Grammatical Notes*

- **'Sgen ti** is a quick way of expressing **oes gen' ti**. In southern dialects you'll hear **oes 'da ti**, whereas as speakers in the north east might say **'wyt ti gyn'**.

YMATEBION ENGHREIFFTIOL | *Example Responses*

- **Oes / Nag oes** = *Yes [, I have] / No [, I haven't]*
- **Dw i wrth 'y modd yn b'yta...** = *I really love eating...*
- **'Sdim byd yn well na...** = *There's nothing better than (a)...*
- **Pan o'n i'n fach, 'on i'n licio...** = *When I was young, I liked...*
- **'Swn i'n b'yta r'wbeth** = *I'd eat anything*

- **bwyd cartre'** = *home[-cooked] food*
- **bwyd Tsieineaidd** = *Chinese food*
- **têcawê** = *takeaway*
- **cinio dydd Sul** = *Sunday dinner*
- **r'beth <u>sbeislyd</u>** = *anything <u>spicy</u>*
- **dim byd <u>sbeislyd</u>** = *nothing <u>spicy</u>*

Southern: Wes/O's 'da ti hoff fwyd?
Standard: Oes gen ti hoff fwyd?
Formal: A oes hoff fwyd gennyt?

Llysieuwr wyt ti?

Are you a vegetarian?

NODIADAU GRAMADEGOL | *Grammatical Notes*

- The suffix **-wr** comes from **gŵr** (= *man, husband*). It is added to words to equate to *-er* in English; eg **nofiwr** = *swimmer*, **dysgwr** = *learner*
- One can add **-wraig** (from **gwraig** = *woman, wife*) for the feminine version, or **-wyr** (from **gwŷr** = *men*) for the plural.

YMATEBION ENGHREIFFTIOL | *Example Responses*

- **Ie / Na(ge)** = *Yes / No*
- **Dim siawns!** = *No chance!*
- **Dw i'n caru cyw iâr gormod** = *I love chicken too much*
- **'Swn i'n licio bod** = *I'd like to be*
- **'Nes i drïo unwaith** = *I tried once*

• **cig** = *meat* • **llysiau** = *vegetables* • **cynnyrch llaeth** = *dairy* • **pysgod** = *fish* • **fegan** = *(a) vegan* • **feganaidd** = *vegan (adj.)*	**Southern:** Llysieuwr wyt ti? **Standard:** Llysieuwr wyt ti? **Formal:** Ai llysieuwr wyt ti?

Sut ti'n b'yta Creme Egg?

How do you eat a Creme Egg?

NODIADAU GRAMADEGOL | *Grammatical Notes*

- **'Sa' ti'n** is, once again, short for **f(u)aset ti'n**.
- Notice how **bwyta** (*to eat*) has become **b'yta**. This is common across the northern dialects of Welsh.

YMATEBION ENGHREIFFTIOL | *Example Responses*

- **Dw i'n llyfu'n gynta'** = *I lick [it] first*
- **Dw i'n iwsio llwy** = *I use a spoon*
- **Dw i'n brathu'r top i ffwrdd** = *I bite the top off*
- **Ma' nhw'n ofnadwy** = *They're awful*
- **Well gen i Kinder Egg** = *I prefer Kinder Egg*

- **d'eud y gwir** = *to be honest*
- **siocled** = *chocolate*
- **rhy gyfoethog** = *too rich*
- **(y) llenwad** = *(the) filling*
- **fel arfer** = *usually*

Southern: Shwt (w') ti'n bwyta Creme Egg?
Standard: Sut wyt ti'n bwyta Creme Egg?
Formal: Sut (r)wyt ti'n bwyta Creme Egg?

'Nei di r'wbeth 'fory?

Will you do something tomorrow?

NODIADAU GRAMADEGOL | *Grammatical Notes*

- **'Nei di** (*will you do/make [something]*) is great for asking for favours in Welsh. Whack a softly mutated verb after it.
- Both **r'wbeth** (< **rhywbeth** = *something*) and **'fory** (< **yfory** = *tomorrow*) have been shortened to follow the north eastern Welsh dialect.

YMATEBION ENGHREIFFTIOL | *Example Responses*

- **Dw i'n meddwl 'na' i...** = *I think I'll [do something]*
- **Bydd rhaid i fi...** = *I'll have to...*
- **Dw i'n gor'o...** = *I've gotta...*
- **Dw i fod i...** = *I'm supposed to...*
- **Mi a' i am...** = *I'll go for a...*

- **mynd i'r / am** = *go to the / for (a)*
- **aros yn y gwely** = *stay in bed*
- **'neud gwaith** = *do work*
- **ymarfer** = *to exercise, to practise*
- **ar y bws** = *on the bus*
- **yn y car** = *in the car*

Southern: 'Nei di rywbeth (y)fory?
Standard: Wnei di rywbeth yfory
Formal: A wnei di rywbeth yfory?

Pwy 'sa ti'n licio cyfarfod?

Who would you like to meet?

NODIADAU GRAMADEGOL | *Grammatical Notes*

- **Cyfarfod** is another rather interesting word. As a noun it means *(a) meeting*; as a verb it means *to meet*. **Cwrdd (â)** is also used as the verb *to meet*.

YMATEBION ENGHREIFFTIOL | *Example Responses*

- **'Swn i'n caru cyfarfod...** = *I'd love to meet...*
- **'On i wastad isio cyfarfod...** = *I always wanted to meet...*
- **'Nes i glywed bod ___ yn...** = *I heard [that] ___ is/was...*
- **Y dyn/dynes 'na sy' yn...** = *That man/woman who's in...*
- **Rhywun o'r band...** = *Someone from the <u>band</u>...*
- **Achos mae o'n/hi'n...** = *Because he's/she's...*

• **y ddynes...** = *the woman...* • **y dyn o...** = *the man from...* • **y ddynes 'na** = *that woman* • **y dyn 'na** = *that man* • **sy'n...** = *who/which (is)...* • **seleb** = *(a) celeb'*	**Southern:** Pwy fyddet ti'n lic(i)o cwrdd 'da [nhw]? **Standard:** Pwy faset/fyddet ti'n hoffi [eu] cyfarfod? **Formal:** Pwy fyddet/fuaset yn hoffi eu cyfarfod?

Pa fiwsig ti'n gwrando ar yn y car?

Which music do you listen to in the car?

NODIADAU GRAMADEGOL | *Grammatical Notes*

- Clearly, the word **miwsig** is a direct lifting from English. The correct Welsh term is **cerddoriaeth**. **Cerdd** (which actually means *'a poem'*) is also common.

YMATEBION ENGHREIFFTIOL | *Example Responses*

- **Dw i ond yn gwrando ar...** = *I only listen to...*
- **Dibynnu lle dw i'n mynd** = *Depends where I'm going*
- **Ma' miwsig fi ar gymysg** = *My music's on shuffle*
- **Well gen i'r radio** = *I prefer the radio*
- **Dw i byth yn cael miwsig yn y car** = *I never have music in the car*

• **fel arfer** = *usually* • **gan** = *by* • **r'wbeth rili** = *anything really* • **pan dw i'n...** = *when I('m)...* • **os dw i'n...** = *if I('m)...* • **taith <u>hir</u>** = *(a) <u>long</u> journey*	**Southern:** Pa gerddori'eth ti'n gwrando ar yn y car? **Standard:** Pa gerddoriaeth wyt ti'n gwrando arni yn y car? **Formal:** Ar ba gerddoriaeth wyt ti'n gwrando yn y car?

Be' sy'n well gen' ti; cathod neu gŵn?

What do you prefer; cats or dogs?

NODIADAU GRAMADEGOL | *Grammatical Notes*

- The phrase **mae'n well gen' i** (and its derivatives) actually translate as something being *better with someone* < **gwell** = *better*. It makes sense when you think about it! These days, however, you'll hear **prefer-io** in speech which makes the construction a lot easier to handle.

YMATEBION ENGHREIFFTIOL | *Example Responses*

- **(Mae'n) well gen i...** = *I prefer...*
- **'Nes i dyfu fyny efo...** = *I grew up with (a)...*
- **Ma' gen i'r ddau** = *I've got both/the two*
- **Dw i'n berson 'cath'** = *I'm a 'cat' person*
- **Dw i'n caru'r ddau** = *I love the both/two*

• **i fod yn onest** = *to be honest* • **roedd gen i...** = *I had (a)...* • **y ddau** = *the two, both* • **bob tro** = *every time* • **pan 'on i'n iau** = *when I was younger*	**Southern:** Be' sy'n well 'da ti; cathod neu gŵn? **Standard:** Beth sy'n well gen'/'da ti; cathod neu gŵn? **Formal:** Beth sydd yn well gennyt; cathod ynteu gŵn?

Be' o't ti isio bod pan o't ti'n ifanc?

What did you used to want to be when you were young?

NODIADAU GRAMADEGOL | *Grammatical Notes*

- **Pan** is the word for *when* when not asking a question. I'm sure there's a word for this?! Compare: **pan dw i'n...** (*when I'm...*) vs **pryd dw i'n...?** (*when am I...?*). I also understand that this is a question, but this one uses **be'**.

YMATEBION ENGHREIFFTIOL | *Example Responses*

- **'On i isio (bod yn)...** = *I wanted to (be)...*
- **'On i isio gweithio mewn...** = *I wanted to work in a...*
- **'Nes i feddwl am (fod yn)...** = *I thought about (being a)...*
- **Dim be' dw i rŵan!** = *Not what I am now!*
- **Do'n i byth yn siŵr** = *I was never sure*

• **fel** = *as (a)* • **cyfoethog!** = *rich!* • **mwy!** = *bigger!* • **hŷn!** = *older!* • **teithio'r byd** = *travel the world*	**Southern:** Be' o't ti mo'yn bod pan o't ti'n ifanc? **Standard:** Beth oeddet ti eisiau bod pan oeddet ti'n ifanc? **Formal:** Beth oedd eisiau arnat i fod a thithau'n ifanc?

Est ti allan ddoe?

Did you go out yesterday?

NODIADAU GRAMADEGOL | *Grammatical Notes*

- **Est ti** can also be expressed as **'nest ti fynd** or **ddaru di fynd**.
- **Allan** is both the northern and standard word for *out*. One will often hear **ma's** – from **i'r maes** (*to the field*) – in southern dialects. Don't tell northerners, but **ma's** seems to be truest to 'archaic' Welsh.

YMATEBION ENGHREIFFTIOL | *Example Responses*

- **Do / Naddo** = *Yes [I did] / No [I didn't]*
- **Mi es i i'r...** = *I went to the...*
- **Ddaru ni gyd fynd i...** = *We all went to (a)...*
- **'On i'n bwriadu mynd i'r...** = *I was intending to go to the...*
- **Do, ond 'oedd o'n ddi-âm** = *Yes, but it was pointless*
- **Naddo, ond aeth ___ allan** = *No but ___ went out*

• **es i ddim** = *I didn't go*	• **Southern:** Est ti ma's ddo'?
• **aeth ___** = *___ went*	• **Standard:** Est ti allan ddoe?
• **aeth ___ ddim** = *___ didn't go*	• **Formal:** A est allan ddoe?
• **i'r...** = *to the...*	
• **am...** = *for (a)...*	
• **'on i isio mynd...** = *I wanted to go...*	

Fyset ti'n licio 'neud r'wbeth dydd Sul?

Would you like to do something [on] Sunday?

NODIADAU GRAMADEGOL | *Grammatical Notes*

- Throughout this book, the conditional tense (*would* etc) is given using terms such as **'sa'** and **'swn**. **Fyset** is the longer form of **'set** which is used in the north east.
- **Licio** is, again, interchangeable with **hoffi**. **Joio** (*to enjoy*) and **caru/lyfio** (*to love*) are other verbs to substitute.

YMATEBION ENGHREIFFTIOL | *Example Responses*

- **'Swn i'n licio...** = *I'd like to...*
- **'Swn i'm yn meindio...** = *I wouldn't mind...*
- **Dw i isio...** = *I want (a/to)...*
- **Be' am...?** = *What about...?*
- **'Sgen i'm planie, 'de** = *I've got no plans, like*

• **ymlacio** = *to relax* • **cysgu** = *to sleep* • **gwario** = *to spend* • **siopa** = *to shop* • **'neud dim** = *to do nothing*	• **Southern:** Fyddet ti'n lic(i)o 'neud r'ywbeth dydd Sul? • **Standard:** Fyddet/Faset ti'n hoffi gwneud rhywbeth [ar d]dydd Sul? • **Formal:** A fyddet/faset yn hoffi gwneud rhywbeth [ar d]dydd Sul?

'Sgen ti blanie at wsos nesa'?

Do you have [any] plans for next week?

NODIADAU GRAMADEGOL | *Grammatical Notes*

- **'Sgen ti** is a shortened form of **oes gen' ti**.
- **Plan** is a direct borrowing from English. The correct term for *'a plan'* is **cynllun**.
- *Any* is expressed using **unrhyw**, but is often omitted in sentences like these. It causes a soft mutation.

YMATEBION ENGHREIFFTIOL | *Example Responses*

- **Nag oes, pam?** = *No, why?*
- **Dw i fod i…** = *I'm supposed to (be)…*
- **Mae'n dibynnu** = *It depends*
- **Oes, sori** = *Yes, sorry*
- **Dw i'n rhydd** = *I'm free*

- **rhan fwya'r wsos** = *most of the week*
- **mond ar ddydd ___** = *only on ___day*
- **dim byd** = *absolutely nothing*

- **Southern:** (O's / Wes) 'da ti blanie at wythnos nesa'?
- **Standard:** Oes gen' ti gynlluniau at wythnos nesaf?
- **Formal:** A oes gennyt gynlluniau at yr wythnos nesaf?

Pwy ti'n mynd i weld 'fory?

Who are you going to see tomorrow?

NODIADAU GRAMADEGOL | *Grammatical Notes*

- Notice how the preposition **i** (*to, for*) has caused a soft mutation. Most prepositions do this.
- **Yfory** has been, and is often, shortened to **'fory**.

YMATEBION ENGHREIFFTIOL | *Example Responses*

- **Dw i fod i gyfarfod...** = *I'm supposed to meet...*
- **Meindia hi!** = *Mind your own business!*
- **Dw i'n mynd am ___ efo...** = *I'm going for a ___ with...*
- **'On i am weld...** = *I was going to see...*
- **Dwmbo eto** = *Dunno yet*
- **Neb!** = *No one!*

• **mynd i'r** = *to go to the*	• **Southern:** Pwy (w') ti'n mynd i weld 'fory?
• **y bobl o** = *the people from*	• **Standard:** Pwy wyt ti'n mynd i weld yfory?
• **cyd-weithwyr** = *co-workers*	• **Formal:** Pwy wyt ti'n mynd i'w (g)weld yfory?
• **staff ___** = *the ___ staff*	
• **r'wun sy'n...** = *someone who's...*	

Pryd ti'n gweithio wsos 'ma?

When are you working this week?

NODIADAU GRAMADEGOL | *Grammatical Notes*

- It's worth noting at this point the difference between **gweithio** and **gwaith**. The former is a verb (*to work, working*) with the latter a noun (*[some] work*).
- Athough expressing '*this ___*' in Welsh is usually constructed as '*the ___ here*', as seen in this question, the initial '*the*' has been dropped.

YMATEBION ENGHREIFFTIOL | *Example Responses*

- **Bob dydd** = *Every day*
- **S'gen i'm amser** = *I've got no time*
- **Dw i off <u>dydd Iau</u>** = *I'm off [on] <u>Thursday</u>*
- **Heb glywed eto** = *Haven't heard yet*
- **Ffeindia' i allan 'fory** = *I('ll) find out tomorrow*
- **'Na' i adael ti w'bod** = *I'll let you know*

• **siŵr** = *sure, certain* • **trw'r wsos** = *all week* • **prysur** = *busy* • **amser sbâr** = *spare time* • **pwysig** = *important* • **yn anffodus** = *unfortunately*	**Southern:** Pryd (w') ti'n gw(e)ith(i)o wythnos 'ma? **Standard:** Pryd wyt ti'n gweithio wythnos yma? **Formal:** Pa bryd wyt yn gweithio'r wythnos hon?

Ers pryd o't ti isio dysgu Cymraeg

Since when have you wanted to learn Welsh?

NODIADAU GRAMADEGOL | *Grammatical Notes*

- Technically, **o't ti isio** translates as *were you wanting to*. **Isio** (*to want*) along with words like **hoffi** (*to like*), **angen** (*to need*), and **gw'bod** (*to know*) must link with **roedd** (*was*) as these are verbs that happen continuously.

YMATEBION ENGHREIFFTIOL | *Example Responses*

- Ers 'on i'n <u>ddeg</u> oed = *Since I was <u>ten</u> years old*
- Ers 'on i yn yr ysgol = *Since I was in school*
- Ers i fi symud 'ma = *Since I moved here*
- Roedd <u>mam</u> fi'n siarad = *My <u>mam</u> spoke [it]*
- 'Nes i syrthio mewn cariad yn... = *I fell in love with it in...*

• **wastad** = *always* • **wastad isio** = *always wanted to* • **dal i ddysgu** = *still learning* • **dal ati** = *sticking to/at it* • **ers hir iawn** = *for very long* • **ddim ers hir** = *not for long*	**Southern:** Ers pryd o't ti mo'yn dysgu Cymra'g? **Standard:** Ers pryd oeddet ti eisiau dysgu Cymraeg? **Formal:** Ers pryd oedd eisiau dysgu'r Gymraeg arnat?

Be' sy'n bod efo ti?

What's the matter with you?

NODIADAU GRAMADEGOL | *Grammatical Notes*

- To ask what the matter is in Welsh we use the verb '**bod**' (*to be*). Essentially we're asking '*what which is being with you?*'. In the north west, **be' sy' matar?** is common too.

YMATEBION ENGHREIFFTIOL | *Example Responses*

- **Dim byd** = *Nothing*
- **Dw i bach yn...** = *I'm a bit...*
- **Dw i'n hollol iawn** = *I'm totally fine*
- **Wel, 'on i'n sâl ddoe** = *Well, I was ill yesterday*
- **Be' ti'n feddwl?** = *What d'ya mean?*
- **Pam ti'n gofyn hwnna?** = *Why do you ask that?*

• **d'eud y gwir** = *to tell the truth* • **bod yn onest efo ti** = *to be honest with you* • **eitha...** = *quite...* • **braidd yn...** = *a little bit...* • **siŵr?** = *[are you] sure?*	**Southern:** Be' sy'n bod 'da ti? **Standard:** Beth sy'n bod efo ti / gyda thi? **Formal:** Beth sydd yn bod arnat?

Sut ddiwrnod gest ti heddiw?

What kind of a day did you have today?

NODIADAU GRAMADEGOL | *Grammatical Notes*

- You'd be forgiven for saying that **sut** means *how*. You're absolutely right, but it can also be used to ask *'what kind of something'* someone or something is. Too many *somes* in there!

YMATEBION ENGHREIFFTIOL | *Example Responses*

- **'Esgob, roedd o'n <u>anodd</u>!** = *Bloomin' 'eck, it was <u>tough</u>!*
- **'Run peth â phob dydd** = *Same [thing] as every day*
- **Dim byd newydd** = *Nothing new*
- **Ma' o 'di bod yn <u>iawn</u>** = *It's been <u>alright</u>*
- **Diwrnod arall, 'de** = *Another day, innit(?)*

- **hawdd** = *easy*
- **haws (na)** = *easier (than)*
- **gwell** = *better*
- **gwaeth** = *worse*
- **rhy...** = *too...*
- **bach yn...** = *a bit...*

Southern: Shwt ddiwrnod gest ti heddi'?
Standard: Sut ddiwrnod gest ti heddiw?
Formal: Sut ddiwrnod cest heddiw?

Gest ti amser da neithiwr?

Did you have a good time last night?

NODIADAU GRAMADEGOL | *Grammatical Notes*

- **Gest ti?** is such a versatile question phrase. Including others which have surely evaded my thoughts, it can mean the following: *did you get a?, did you get to?, did you get?, did you have a?, did you have?* How awesome!

YMATEBION ENGHREIFFTIOL | *Example Responses*

- **Do / Naddo** = *Yes / No*
- **Roedd o'n...** = *It was...*
- **Doedd o ddim yn...** = *It wasn't...*
- **'Naethon ni joio...** = *We enjoyed...*
- **'Nes i yfed gormod** = *I drank too much...*

• **cur pen / llepen** = *headache* • **pen mawr** = *hangover* • **diodydd** = *drinks* • **parti <u>gwaith</u>** = *<u>work</u> party* • **dawnsio** = *to dance* • **noson dda** = *a good night*	**Southern:** Gest ti amser da neith(i)wr? **Standard:** Gest ti amser da neithiwr? **Formal:** A gest amser da neithiwr?

Pa dîm ti'n sbortio?

Which team do you support?

NODIADAU GRAMADEGOL | *Grammatical Notes*

- **Pa** (*which*) always causes a soft mutation.
- **Sbortio** is a direct lifting from English. The standard term for *to support* is **cefnogi**; **cefn** is *back* – as in one *backs* their team.

YMATEBION ENGHREIFFTIOL | *Example Responses*

- **___ ydy tîm fi** = *___ is/are my team*
- **Dw i'n dilyn...** = *I follow...*
- **Dw i wrth 'y modd efo...** = *I'm in my element with...*
- **Dw i'n ffan mawr o...** = *I'm a big fan of...*
- **Well gen i...** = *I('d) prefer...*
- **Dw i'm yn dilyn chwaraeon** = *I don't follow sport(s)*

- **gêm / gemau** = *match / matches* - **stadiwm** = *stadium* - **timau, timoedd** = *teams* - **arfer gwylio** = *usually / used to watch* - **cefnogaeth** = *support* - **chwaraeon** = *sport(s)*	**Southern:** Pwy dîm (w') ti'n sbort(i)o? **Standard:** Pa dîm wyt ti'n cefnogi? **Formal:** Pa dîm wyt ti'n ei gefnogi?

Be' ydy'r ddinas orau ti 'di bod i?

What's the best city you've been to?

NODIADAU GRAMADEGOL | *Grammatical Notes*

- **Dinas** has experienced a soft mutation after **'r** (*the*) due to it being a feminine noun. All feminine singular nouns do this.
- Also owing to **dinas** being a feminine noun, any following adjective (in this case **gorau** – *best*) will also experience a soft mutation.

YMATEBION ENGHREIFFTIOL | *Example Responses*

- **Roedd ___ yn <u>anhygoel</u>** = *___ was <u>incredible</u>*
- **Joies i'n fawr yn...** = *I really enjoyed [it] in...*
- **Dw i 'di bod i ___ <u>pum gwaith</u>** = *I've been to ___ <u>five times</u>*
- **Pan es i i ___...** = *When I went to ___ ...*
- **Ti 'di bod yne hefyd?** = *Have you been there too?*

- **prifddinas** = *capital city* - **pan o'n i'n** = *when I was* - **unwaith** = *once* - **dwywaith** = *twice* - **sawl gwaith** = *numerous times* - **bob haf** = *every summer*	**Southern:** Beth yw'r ddinas ore ti 'di bod i? **Standard:** Beth ydy'r/yw'r ddinas orau rwyt ti wedi bod iddi? **Formal:** Beth yw'r ddinas orau 'rwyt wedi bod iddi?

Ti'n gwatsho'r teli o gwbl?

Do you watch television at all?

NODIADAU GRAMADEGOL | *Grammatical Notes*

- **Gwatsho** (along with other alternate spellings) is a direct lifting from *'watch'* in English.
- **Gwbl** is a really interesting word. It derives from Latin *'copula'* (≈ *join*) which came to Welsh as **cwbl** (*complete, total*) and English as *'(to) couple'*. Cool, huh? I promise I do actually go outside sometimes!

YMATEBION ENGHREIFFTIOL | *Example Responses*

- **Weithie, ond dim llawer** = *Sometimes, but not a lot*
- **'Swn i wastad yn gwylio...** = *I'd always watch*
- **Dw i byth yn methu...** = *I never miss...*
- **'Na' i pan ga' i siawns** = *I do/will when I get chance*
- **Dibynnu be' sy' on/ymlaen** = *Depends what's on*

• **prin iawn** = *very rarely* • **trw'r dydd** = *all day* • **byth** = *never* • **trïo peidio** = *try no to* • **ar ôl <u>gwaith</u>** = *after <u>work</u>* • **cyfle** = *chance, opportunity*	**Southern**: (W') ti'n gwylio'r teli o gwbl? **Standard**: Wyt ti'n gwylio'r teledu o gwbl? **Formal**: A wyt yn gwylio'r teledu o gwbl?

O'dd gen ti hoff bwnc yn yr ysgol?

Did you have a favourite subject in school?

NODIADAU GRAMADEGOL | *Grammatical Notes*

- Notice how the present tense **'oes gen' ti?'** (*do you have?*) becomes **'oedd gen' ti?'** (*were you having?*) in the past tense.
- Yet another friendly reminder that **hoff** (*favourite*) precedes the noun and causes a soft mutation on it.

YMATEBION ENGHREIFFTIOL | *Example Responses*

- **Oedd / Nag oedd** = *Yes / No*
- ___ **oedd hoff bwnc fi** = ___ *was my favourite subject*
- **'Nes i'n <u>dda</u> yn hanes** = *I did well in <u>history</u>*
- **'On i wastad yn licio <u>celf</u>** = *I always liked <u>art</u>*
- **'On i'n casáu'r ysgol** = *I hated school*

• **pwnc/pynciau** = *subject(s)*	**Southern:** O'dd 'da ti hoff bwnc yn yr ysgol?
• **gwers(i)** = *lesson(s)*	**Standard:** Oedd gen'/'da ti hoff bwnc yn yr ysgol?
• **cas** = *least favourite*	**Formal:** A oedd hoff bwnc gennyt yn yr ysgol?
• **athro** = *male teacher*	
• **athrawes** = *female teacher*	
• **gradd** = *(a) grade, (a) degree*	

Pa fwyd sy'n 'neud ti'n hapus?

Which food makes you happy?

NODIADAU GRAMADEGOL | *Grammatical Notes*

- **Sy'n** (from **sydd yn**) is a great linking term in Welsh, translating as *which is/are/do/does* and/or *who is/are/do/does* > **y bobl sy'n chwarae** = *the people who are playing*.
- **'Neud ti** is a nice term to express that something *makes you* something. Both verbs and adjectives should experience a soft mutation after it.

YMATEBION ENGHREIFFTIOL | *Example Responses*

- **Dw i wrth fy modd efo...** = *I'm in love with...*
- **___ sy'n 'neud fi'n <u>hapus</u>** = *[It's] ___ that makes me <u>happy</u>*
- **Mae ___ yn...** = *___ is/are...*
- **'Nes i f'yta...** = *I ate...*
- **Roedd o'n <u>flasus</u>** = *It was <u>tasty</u>*
- **Ti 'di trïo ___ erioed?** = *Have you ever tried ___?*

• **bob tro** = *every time* • **wastad** = *always* • **trwy'r amser** = *all the time* • **blasus** = *tasty, delicious* • **dewis** = *to choose, a choice* • **pryd** = *(a) meal*	**Southern:** Pwy fwyd sy'n 'neud ti'n hapus? **Standard:** Pa fwyd sy'n wneud di'n hapus? **Formal:** Pa fwyd sy'n dy wneud yn hapus?

Sut 'nei di deithio i'r gwaith?

How will you travel to work?

NODIADAU GRAMADEGOL | *Grammatical Notes*

- This question can also feature **[wyt] ti'n** instead of **'nei di**
- Notice how **gwaith** is preceded by the definite article (*the*) in Welsh; something that has all but died out in English. Words like **hospital**, **bed**, **school**, et al should also have '**y/r**' before them.

YMATEBION ENGHREIFFTIOL | *Example Responses*

- **Dw i'n mynd yn/ar y...** = *I go in/on the...*
- **Dw i'n tueddi i fynd...** = *I tend to go...*
- **Fel arfer dw i'n...** = *Usually I...*
- **Ro'n i'n arfer...** = *I used to...*
- **Dw i'n gor'o...** = *I've got to..., I have to...*
- **Sut bynnag** = *How(so)ever*

- **ar y(r)** = *on the*
- **mewn** = *in a*
- **gyrru, dreifio** = *to drive*
- **dal y(r)** = *to catch the*
- **yn hwyr** = *late*
- **yn gynnar** = *early*

Southern: Shwt teithi di i'r gwaith?
Standard: Sut wyt ti'n teithio i'r gwaith?
Formal: Sut deithi di i'r gwaith?

Pam ti mor flin?

Why are you so angry?

NODIADAU GRAMADEGOL | *Grammatical Notes*

- **Mor** is a really useful phrase. On it's own it represents *'so'* – as in *so good, so happy* etc. When constructed as **mor ___ â/ag**, it suggests *as ___ as* > **mor cŵl â...** = *as cool as...*
- You might recognise **flin** from **blino** (*to tire [with]*). The southern term is **crac**.

YMATEBION ENGHREIFFTIOL | *Example Responses*

- **Dw i ddim!** = *I'm not!*
- **Achos mae'r ___ 'di torri!** = *Because the ___ has broken!*
- **'Nes i ddeffro'n gynnar** = *I woke up early*
- **'Sgena'i'm 'mynedd** = *I can't be ars*d / I'm p*ssed of*
- **Dw i heb gael <u>paned</u> eto** = *I haven't had a <u>brew</u> yet*
- **Pam ti'n meddwl hwnna?** = *Why do you think that*

• **hwyr i'r gwaith** = *late to work* • **paned** = *cuppa, brew* • **deffro** = *to wake up* • **dw i newydd...** = *I've just...* • **rhy <u>gynnar</u>** = *too early* • **casáu <u>job</u> fi** = *hate my <u>job</u>*	**Southern:** Pam ti mor grac? **Standard:** Pam wyt ti mor flin/grac? **Formal:** Pam wyt mor flin/grac?

Ti'n ffansïo hwnna rŵan?

Do you fancy that now?

NODIADAU GRAMADEGOL | *Grammatical Notes*

- The reason **ffansïo** features a diaeresis above its '**i**' is because the word is formed from '**ffansi**' and the verbal ending '**-io**', but Welsh doesn't allow any double vowels.
- **Rŵan** can also be written as **rwan** – deriving from '**yr awran**' (literally. *the hour*). '**Nawr**, the southern variation, derives from yn awr (literally. *in this hour*).

YMATEBION ENGHREIFFTIOL | *Example Responses*

- **Y(n)dw / Na' dw** = *Yes / No*
- **Iawn gen i** = *Fine by me*
- **Pryd bynnag** = *Whenever*
- **Dw i'm yn meindio** = *I don't mind*
- **Be' 'di "hwnna", yn union?** = *What's "that", exactly?*

• **pam lai?** = *why not?* • **g'won, te** = *go on, then* • **os t'isio** = *if ya' want* • **wedyn** = *later, after(wards)* • **aros munud** = *wait a minute* • **mewn munud** = *in a minute*	**Southern:** Ti'n ffansïo hwnna nawr? **Standard:** Wyt ti'n ffansïo hynny 'nawr? **Formal:** A wyt yn ffansïo hynny'n awr?

Be' ti'n feddwl o'r llyfr 'ma?

What do you think of this book?

NODIADAU GRAMADEGOL | *Grammatical Notes*

- The reason **meddwl** has mutated here is tough to explain. Put simply, Welsh wants to phrase this as *what are you thinking it of this book?*. As the *it* refers to *a book* – a masc. noun – it causes a soft mutation. I don't make the rules!
- The common construction for expressing '*this* ___' is '*the ___ here*' > **y(r) ___ (y)ma**. '*That ___*' is '*the ___ there*' > **y(r) ___ (y)na**. Get it? Good!

YMATEBION ENGHREIFFTIOL | *Example Responses*

- Mae'n (hollol)... = *It's (totally)...*
- Dw i methu canmol o ddigon = *I can't praise it enough*
- 'Swn i'n awgrymu i bawb = *I'd recommend it to everyone*
- Dylset ti weld adolygiad fi = *You should see my review*
- Oedd y pris yn dda hefyd = *The price was good too*
- 'Sgan yr awdur fwy? = *Has the author got [any] more?*

- **awdur** = *author* - **ffab** = *fab* - **anhygoel** = *incredible* - **chwildroadol** = *revolutionary* - **hawdd iwsio** = *easy to use*	**Southern:** Be' ti'n feddwl o'r llyfr 'ma? **Standard:** Beth wyt ti'n feddwl o'r llyfr 'ma? **Formal:** Beth wyt ti'n ei feddwl o'r llyfr hwn?

DIY Question Creator

[No question word] Start with 2nd column	ti'n° *do you / are you*	mynd *to go*	i° *to (a), for (a)*	r'wan *now*
Lle *Where*	'sa ti'n± *would you (be)*	cael *to get (a/to)*	i'r^ *to the, for the*	'fory *tomorrow*
Pwy° *Why*	'nest ti° *did you*	trio *to try (to)*	yn y(r)° / mewn *in the / in a*	neithiwr *last night*
Efo pwy° *With whom*	'sa ___ yn° *would ___ (be)*	jolo *to enjoy*	efo('r¨) *with (the)*	ddoe *yesterday*
Be'° *What*	sy'n± *which/who is/are/does/does*	licio *to like (to)*	o° *of (a), from (a)*	ar ddydd ___ *on ___ day*
Pam *Why*	o' ti'n± *were you*	eisiau' *to want (a/to)*	o'r¨ *of the, from the*	ar nos ___ *on ___ day night*
Pa° *Which*	'nei di° *will you [do something]*	angen' *to need (a/to)*	ar° *on (a)*	ar y penwsos *on the weekend*
Pa un *Which one*	'neith ___° *will ___ [do something]*	methu' *can't, to fail (to)*	ar y(r)¨ *on the*	weithie *sometimes*
Sut *How*	'nes i° *did I [do something]*	gor'o *must, have to*	pan ti'n± *when you('re)*	wedyn *after(wards), later*
Faint (o°) / Sawl *How much, how many*	'naeth ___° *did ___ [do something]*	siarad *to speak, to talk*	pan mae'n¨ / fydd o'n° *when it('s)*	llynedd *last year*
	fyddi di'n± *will you (be)*	dysgu *to learn, to teach*	achos *because (of)*	eleni *this year*

° Soft mutation to follow

^ Soft mutation on feminine singular noun

± Soft mutation on nouns and adjectives only, not verbs

¨ no yn or 'n before

- Choose various terms from the table (usually working left to right) to build a question.
- Remember, not all questions use/need a 'question word' at the start; many begin with simply a verb.
- Multiple verbs can be stacked in Welsh sentences; largely without the need for the preposition 'i' in between
  > pryd 'sa ti'n <u>licio trio cael mynd</u>? = *when would you <u>like to try to get to go</u>?*

NB Not all sentences created with this table will be wholly grammatically correct, but understanding in the wild will be largely fine.

Pa rei 'sa' ti'n cael?

Which ones would you get/have?

NODIADAU GRAMADEGOL | *Grammatical Notes*

- Good luck finding **'rei'** in a dictionary. It's the northern colloquial pronunciation of **rhai** (= *some*). Makes more sense now, right? You're welcome.

YMATEBION ENGHREIFFTIOL | *Example Responses*

- **'Swn i'n cael…** = *I'd have (a)…*
- **Rhei'na!** = *Those!*
- **Be' 'sa ti'n awgrymu?** = *What would you suggest?*
- **R'wbeth ond rhei'na** = *Anything but those*
- **Sdim ots gen i** = *I don't care*
- **Dwi'm yn siŵr eto** = *I'm not sure yet*

• **ar gael** = *available* • **adolygiad** = *review* • **dim syniad** = *no idea* • **nhw** = *them* • **y llall** = *the other [one]* • **rhei'na** = *those*	**Southern:** Pa rai fyddet ti'n cael? **Standard:** Pa rai fyddet/faset ti'n cael? **Formal:** Pa rai fyddet/fuaset yn eu cael?

Pryd fedri di ddod eto?

When can you come again?

NODIADAU GRAMADEGOL | *Grammatical Notes*

- Whereas northern dialects prefer **medru** over **gallu** to mean *to be able (to)*, there is an actual difference. **Gallu** is to have the ability to do something, **medru** is to possess the ability or skill to enable one to complete the task.
- **Dod** is also seen and heard as **dŵad** in the north west.
- Be careful here, **eto** can suggest *yet* and *again*. On top of this, **eto** (*again*) can be used as in English as if asking someone to repeat a statement.

YMATEBION ENGHREIFFTIOL | *Example Responses*

- **Fedra' i ddod...** = *I can come...*
- **Dw i'n meddwl fedra' i ddod...** = *I think I can come...*
- **I 'neud be'?** = *To do what...?*
- **Be' am...?** = *What about...?*
- **Dw i methu dod** = *I can't come*

- **ar** = *on*
- **ar ddydd ___** = *on ___ day*
- **eto** = *again, yet*
- **pryd bynnag** = *whenever*
- **cyn** = *before*
- **ar ôl** = *after*

Southern: Pryd elli di ddod 'to?
Standard: Pryd elli/fedri di ddod eto?
Formal: Pa bryd elli di ddod eto?

Fedri di dd'eud hwnna eto?

Can you say that again?

NODIADAU GRAMADEGOL | *Grammatical Notes*

- Although **fedri di?** (*are you able to?*) is common across the north, we can also for this question using the verb **gallu > elli di?**
- **D'eud** is a common pronunciation of **dweud** (*to say, to tell*). In southern dialects, one will hear **'(g)weud'**. Both derive from **dywed**.

YMATEBION ENGHREIFFTIOL | *Example Responses*

- **Medraf, siŵr** = *I can, certainly*
- **Dim problem** = *No problem*
- **Wrth gwrs** = *Of course*
- **'Nest ti ddim dallt fi?** = *Didn't you understand me?*
- **'Nest ti ddim clywed fi?** = *Didn't you hear me?*

• **yn bendant** = *Definitely* • **siŵr iawn** = *sure enough* • **dudest ti...?** = *Did you say...?* • **anodd** = *difficult (to)* • **dysgwr(aig) dw i** = *I'm a learner* • **ac eto** = *and again*	**Southern:** Elli di 'weud hwnna 'to? **Standard:** Elli di ddweud hynny eto? **Formal:** A elli ddweud hynny eto?

Sut fedra' ni helpu ti heddiw?

How can we help you today?

NODIADAU GRAMADEGOL | *Grammatical Notes*

- **Fedra** is formed from the verb **medru** (*to be able to*). The 'correct' way to say *can we?* is **fedrwn ni?**
- Strictly speaking, we should say '*your helping*' (**dy helpu**) instead of '*help you*' (**helpu ti**). Both are used in speech, but the latter is more day-to-day standard.

YMATEBION ENGHREIFFTIOL | *Example Responses*

- **Dw i angen...** = *I need (a/to)...*
- **Rhaid i fi...** = *I have to / must...*
- **Dw i'n gor'o...** = *I have to / must...*
- **'Swn i'n licio...** = *I'd like (to/a)...*
- **Dw i 'di dod i...** = *I've come to...*

• **dychwelyd** = *to return* • **cyfnewid** = *to swap* • **help** = *help* • **helpu** = *to help* • **nôl** = *to fetch* • **rhain** = *these*	**Southern:** Sut allwn ni helpu ti heddi'? **Standard:** Sut allwn ni (dy) helpu di? **Formal:** Sut allwn dy gynorthwyo heddiw?

Gawn ni têc-a-wê heno?

Shall we get a takeaway tonight?

NODIADAU GRAMADEGOL | *Grammatical Notes*

- **Gawn ni** strictly translates as '*will we get (a/to)*'. It can also be used to express '**let's...**'.
- A term coined recently for *a takeaway* was **pryd ar glud**; translating literally as '*a meal on transport*'.

YMATEBION ENGHREIFFTIOL | *Example Responses*

- Iawn, be' t'isio? = *Okay, what d'ya want?*
- Dw i'm isio... = *I don't want (a)...*
- O lle? = *From where?*
- Dw i'm yn ffansïo, diolch = *I don't fancy [it], thanks*
- 'Na' i ordro arlein = *I'll order online*

• trïo = *to try* • ceisio = *to try* • ordro = *to order* • archebu = *to order* • talu (am) = *to pay (for)*	**Southern:** Ordwn ni dêcawê heno? **Standard:** Ordwn ni bryd ar glud heno? **Formal:** A archebwn bryd ar glud heno?

Ydy hwnna'n iawn?

Is that alright?

NODIADAU GRAMADEGOL | *Grammatical Notes*

- **Ydy** is often written as **ydi** these days. They both sound and mean the same thing.
- Why not change out the word '**iawn**' in the question to ask whether something's... something else?

YMATEBION ENGHREIFFTIOL | *Example Responses*

- **Y(n)di, siŵr/tad/wir** = *Yes, certainly*
- **I'r dim, diolch** = *Spot on, thanks*
- **Na'di, ga' i newid o?** = *No, can I change it?*
- **Dw i'n meddwl bo' 'ne broblem** = *I think there's a problem*
- **Mae'n <u>iawn</u>** = *It's <u>alright</u>*
- **'Neith o'r tro** = *It'll do (the trick)*

- **perffaith** = *perfect*
- **hyfryd** = *lovely*
- **gwarthus** = *(a) disgrace*
- **methu cwyno** = *can't complain*
- **iawn gen i** = *okay with me*

- **Southern:** Yw/Ife hwnna'n iawn?
- **Standard:** Ydy/Yw hynny'n iawn?
- **Formal:** A yw hynny'n iawn?

Oeddet ti'n d'eud r'wbeth?

Were you saying something?

NODIADAU GRAMADEGOL | *Grammatical Notes*

- As mentioned previously, **d'eud** is shortened from **dweud**. **(G)weud** is heard in southern dialects.
- **Rhywbeth** – again shortened to **r'wbeth** here – means '*something*' but is often used to express '*anything*'. The correct term for '*anything*' is **unrhyw beth**.

YMATEBION ENGHREIFFTIOL | *Example Responses*

- **Nag o'n** = *No, I wasn't*
- **Be' 'nest ti fethu?** = *What did you miss?*
- **O'n i'n d'eud bod...** = *I was saying that...*
- **Wnest ti'm clywed fi?** = *Didn't you hear me?*
- **Dw i'm yn meddwl** = *I don't think so*

- **r'wbeth** = *something*
- **unr'w beth** = *anything*
- **dim (byd)** = *nothing*
- **o gwbl** = *at all*
- **... medda' fi** = *I said ...*

- **Southern:** O' ti'n gweud r'ywbeth?
- **Standard:** Oeddet ti'n dweud rhywbeth?
- **Formal:** A oeddet yn dweud rhywbeth?

Lle ddaru ni fynd llynedd?

Where did we go last year?

NODIADAU GRAMADEGOL | *Grammatical Notes*

- **Ddaru** (sometimes shortened to **'aru**) is another auxillary verb to form the past tense. Common across north Wales, one simply adds **fi** (*I/me*), **di** (*you (inf./sing.)*), **o** (*he*), **hi** (*she*), **ni** (*we*), **chi** (*you (form./plu.)*), **nhw** (*they*), or a (pro)noun before popping a softly mutated verb on. Questions are formed by adding a question mark > **ddaru fi** (*I [did something]*) / **ddaru fi?** (*did I [do something?]*).

YMATEBION ENGHREIFFTIOL | *Example Responses*

- **Aethon ni i…** = *We went to…*
- **Ddaru ni fynd i…** = *We went to…*
- **Aethon ni ar…** = *We went on (a)…*
- **R'wle yn…** = *Somewhere in…*
- **Dw i'm yn cofio rŵan** = *I don't remember now*

- **mordaith** = *cruise*
- **awyren** = *aeroplane*
- **am** <u>**bythefnos**</u> = *for a <u>fortnight</u>*
- **er mwyn gweld** = *in order to see*
- **am** *brêc* **bach** = *for a little break*

Southern: Ble aethon ni llynedd?
Standard: Ble aethon ni llynedd?
Formal: I ba le yr aethom y llynedd?

'Neith hwnna weithio?

Will that work?

NODIADAU GRAMADEGOL | *Grammatical Notes*

- For those – like me – who love grammar, **'neith** is the northern variant of the third person singual concise form of the verb **'neud** in the present/future tense. For those who don't care much for grammar, it can be used to ask whether something *will* happen.

YMATEBION ENGHREIFFTIOL | *Example Responses*

- **'Neith, heb os** = *It will, without doubt*
- **Na 'neith, dim siawns** = *No [, it won't], no chance*
- **Pam 'sa fo ddim?** = *Why wouldn't it?*
- **Croesi bysedd** = *Fingers crossed (lit. Crossing fingers)*
- **Dw i'n meddwl 'neith o** = *I think it will*
- **Well bod o!** = *It [had] better!*
- **Siŵr o fod** = *Surely (lit. Sure of being)*

- **wrth gwrs** = *of course*
- **dim gobaith** = *no hope/chance*
- **heb os** = *without (a) doubt*
- **gobeithio** = *hopefully / I hope so*
- **pam lai?** = *why not?*
- **ella** = *maybe, perhaps*

Southern: 'Naiff hwnna w(e)ith'o?
Standard: Wneith/Wnaiff hynny weithio?
Formal: A wnaiff/wneith hynny weithio?

'Nest ti nôl y pethe o'r siop?

Did you fetch the stuff from the shop?

NODIADAU GRAMADEGOL | *Grammatical Notes*

- It's worth being careful around **nôl**. Meaning *to fetch*, it sounds exactly the same as **'nôl** (< **yn ôl**) which translates as *back(wards)*. As always, don't worry because context will usually help.
- **Pethe** (from **pethau** = *things, stuff*) is common across Wales, except for in the north west where it's pronounced as **petha**.

YMATEBION ENGHREIFFTIOL | *Example Responses*

- **Do / Naddo** = *Yes / No*
- **Do, ond 'nes i anghofio'r...** = *Yes, but I forgot the...*
- **Do, ond d'odd 'na ddim...** = *Yes, but there was/were no...*
- **Naddo, a' i eto** = *No, I'll go again*
- **Naddo, be' o'dden ni angen?** = *No, what did we need?*

- **bara** = *bread*
- **llefrith / llaeth** = *milk*
- **bwyd <u>cath</u>** = <u>*cat*</u> *food*
- **cwrw** = *beer*
- **fferins** = *sweets*

Southern: 'Nest ti nôl y pethe o'r siop?
Standard: Wnest ti nôl y pethau o'r siop?
Formal: A wnest nôl y pethau o'r siop?

Elli di weld o?

Can you see it?

NODIADAU GRAMADEGOL | *Grammatical Notes*

- **Elli di** is the concise form of the second person in the present/future tense. It derives from adding the ending '-i di' to the verb **gallu** (*to be able to, can*)
- In this case, **o** is used to express '*it*' as there's no term for this in Welsh. With this in mind, this sentence can also translate as '*Can you see him?*'

YMATEBION ENGHREIFFTIOL | *Example Responses*

- **Gallaf / Na allaf** = *Yes [, I can] / No [, I can't]*
- **Gallaf, mae o yne!** = *Yes, it's there!*
- **Wel, ma' hwnna'n ddel** = *Well, that's pretty*
- **Na allaf, lle mae o?** = *No, where is it?*
- **Gweld be'/pwy?** = *See what/who?*

• **rhwng y(r)** = *between the* • **wrth [ochr] y(r)** = *by/beside the* • **ar ben y(r)** = *on top of the* • **o fewn y(r)** = *in(side) the* • **(o) dan y(r)** = *under/beneath the* • **cyferbyn â'r** = *opposite the*	**Southern:** Alli/Elli di weld e? **Standard:** Elli di ei weld (o/e)? **Formal:** A elli [di] ei weld?

Pryd 'den ni'n mynd?

When are we going?

NODIADAU GRAMADEGOL | *Grammatical Notes*

- I've used **'den ni'n** (*we are, we do*) here because NO ONE EVER REMEMBERS THE NORTH EASTERN DIALECT WHEN THEY WRITE BOOKS TEACHING WELSH! Okay, I'm calm now. Learners in across the north are taught **'dan ni'n** whereas southerners are taught **'dyn ni'n** and/or **r'yn ni'n**.

YMATEBION ENGHREIFFTIOL | *Example Responses*

- **Mewn <u>munud</u>** = *In a <u>minute</u>*
- **O fewn yr <u>awr</u> nesa'** = *Within the next <u>hour</u>*
- **Pan fydd pawb yn barod** = *When everyone's ready*
- **'Swn i'n licio mynd <u>rŵan</u>** = *I'd like to go <u>now</u>*
- **Pryd t'isio mynd?** = *When do you want to go*

- **llai na(g)...** = *less than...*
- **dim mwy na(g)...** = *no more than...*
- **<u>dwy awr</u>** = *<u>two</u> hours*
- **eiliad** = *(a) second*
- **ar ôl y(r)** = *after the*

Southern: Pryd 'dyn ni'n mynd?
Standard: Pryd ydyn ni'n mynd?
Formal: Pa bryd (yr) ydym yn mynd?

Sut 'nest ti hwnna?

How did you do that?

NODIADAU GRAMADEGOL | *Grammatical Notes*

- As **'nest ti** derives from **gwneud** (*to do, to make*), this question can also translate as '*How did you make that?*'

YMATEBION ENGHREIFFTIOL | *Example Responses*

- **'Nes i ofyn i...** = *I asked...*
- **'Nes i ffonio am...** = *I phoned (for) a...*
- **'Naeth ___ helpio fi** = ___ *helped me*
- **Gwylies i fideo ar YouTube** = *I watched a video on YouTube*
- **Roedd o'n hawdd!** = *It was easy*
- **Dw i'm yn cofio rŵan** = *I can't remember now*

- **hud a lledrith!** = *magic!*
- **ymarfer** = *to practise, practice*
- **dim fi ['naeth]** = *it wasn't me*
- **bleiddiau 'naeth!** = *wolves did it!*
- **tri chynnig i Gymro** = *three tries for a Welshman*

Southern: Shwt wnest ti hwnna?
Standard: Sut wnest ti hynny?
Formal: Sut (g)wnest hynny?

'Sgen ti amser i helpu fi?

Do you have time to help me?

NODIADAU GRAMADEGOL | *Grammatical Notes*

- Whereas **helpu** is the common word for *to help*, some dialects use **helpio**. **Cynorthwyo** is also used, but in more formal circles.

YMATEBION ENGHREIFFTIOL | *Example Responses*

- **Oes / Nag oes** = *Yes [, I have] / No [, I haven't]*
- **Dw i wastad yma i ti** = *I'm always here for you*
- **D'eud di pryd ti angen fi** = *You say when you need me*
- **Pryd t'isio fi helpio?** = *What d'ya want me to help?*
- **Be' ti angen?** = *What d'ya need?*
- **Ti ('m)ond yn gor'o gofyn** = *You only have to ask*

- **R'wbryd** = *anytime*
- **Pryd bynnag** = *any time*
- **Bob tro** = *every time*
- **Dim problem** = *no problem*
- **Ar gael** = *available*

Southern: Oes 'da ti amser i helpu/helpo fi?
Standard: Oes gen ti amser i fy helpu (i)?
Formal: A oes gennyt amser i'm cynorthwyo?

Be' 'naeth ddigwydd yma?

What happened here?

NODIADAU GRAMADEGOL | *Grammatical Notes*

- **Beth** has once again been shortened to **be'** here – this is common across most modern Welsh dialects.
- **'Naeth ddigwydd** can be swapped out for **ddigwyddodd** if you want to sound a bit more posh… or more angry!?

YMATEBION ENGHREIFFTIOL | *Example Responses*

- **'Naeth ___** = ___ *[did something]*
- **'Naeth y ___** = *The* ___ *[did something]*
- **Roedd ___ yn...** = ___ *was...*
- **(Yn) lle?** = *Where?*
- **Weles i'm byd!** = *I saw nothing!*

- **dim byd** = *(absolutely) nothing*
- **hyn i gyd** = *all this*
- **y fath ___** = *such (a) ___*
- **llanast(r)** = *(a) mess*
- **dinistr** = *destruction*

Southern: Be' ddigwyddodd (y)ma?
Standard: Beth ddigwyddodd yma?
Formal: Beth ddigwyddodd yma / yn (y) fan hyn?

Be' 'nawn ni heddiw?

What shall we do today?

NODIADAU GRAMADEGOL | *Grammatical Notes*

- **'Nawn ni** (from **gwnawn ni**) means *'we shall'* or *'shall we?'*. It's great for questions, but just as good for saying what the crew or gang will be up to in the near future.

YMATEBION ENGHREIFFTIOL | *Example Responses*

- **Be' am fynd i...?** = *What about going to...?*
- **Dim syniad** = *No idea*
- **Be' sy' 'na i 'neud?** = *What is there to do?*
- **'Swn i'n licio...** = *I'd like to...*
- **'Nes i glywed bod ___ yn <u>iawn</u>** = *I heard that ___'s <u>alright</u>*

- **Mynd am dro** = *go for a stroll*
- **Mynd am <u>beint</u>** = *go for a <u>pint</u>*
- **crwydro rownd** = *wander (a)round*
- **Gwylio** = *to watch*
- **Ffrydio** = *to stream*
- **Siopa** = *to shop*

- **Southern:** Be' wnawn ni heddi'?
- **Standard:** Beth wnawn ni heddiw?
- **Formal:** Beth wnawn ni heddiw?

T'isio fi (i) nôl r'wbeth o'r siop?

Do you want me to fetch something from the shop?

NODIADAU GRAMADEGOL | *Grammatical Notes*

- **T'isio** is a contracted version of **[wyt] ti eisiau** and is common in speech across north Wales.
- **Nôl** means to *fetch*, not to be confused with **'nôl** (< **yn ôl**) which means *back*, *behind*, or *according to*. Both are pronounced the same way.
- **R'wbeth** comes from **rhywbeth**. Strictly it means *something*, but is often also used to mean *anything*.

YMATEBION ENGHREIFFTIOL | *Example Responses*

- **Oes, plîs** = *Yes, please*
- **Nag oes, diolch** = *No, thanks*
- **Dw i wir angen...** = *I really need (to)...*
- **'On i am fynd fy hun...** = *I was gonna go myself...*
- **Ga' i ___, plîs** = *May I ___, please?*

• **r'wbeth i...** = *something to...*
  • **f'yta** = *eat*
  • **yfed** = *drink*
  • **ddarllen** = *read*
  • **chwar'e** = *play*
  • **wylio** = *watch*
	Southern: (W') ti mo'yn fi nôl rywbeth o'r siop?
	Standard: Wyt ti eisiau fi nôl rhywbeth o'r siop?
	Formal: A oes arnat eisiau i mi nôl rhywbeth o'r siop?

Ti 'di gweld hwnna?

Have you seen that?

NODIADAU GRAMADEGOL | *Grammatical Notes*

- Keeping the '**di** (< **wedi**) in place, swap out the **gweld** for any other verb to ask whether you counterpart has done something else > **ti 'di gorffen hwnna?** = *have you finished that?* or **ti 'di b'yta hwnna?** = *have you eaten that?*

YMATEBION ENGHREIFFTIOL | *Example Responses*

- **Do / Naddo** = *Yes [, I have] / No [, I haven't]*
- **Naddo, dim eto** = *No, not yet*
- **Do, roedd o'n <u>anhygoel</u>** = *Yes, it was <u>incredible</u>*
- **Dw i'n bwriadu mynd(...)** = *I'm intending to go(...)*
- **Do'n i'm yn bwriadu (...)** = *I wasn't intending [to] (...)*

- **wsos d'wetha** = *last week*
- **ddoe** = *yesterday*
- **neithiwr** = *last night*
- **llynedd** = *last year*
- **dydd ___ d'wetha'** = *last ___ day*

Southern: (W') ti 'di gweld hwnna?
Standard: Wyt ti wedi gweld hynny?
Formal: A wyt ti wedi gweld hynny?

T'isio mwy?

Do you want [some] more?

NODIADAU GRAMADEGOL | *Grammatical Notes*

- **T'isio?** is once again short for **[wyt] ti isio?**
- **Mwy** means *more*. When coupled with the noun for which *more* is wanted, **o** must follow: **mwy o amser** = *more [of] time*.

YMATEBION ENGHREIFFTIOL | *Example Responses*

- **Oes, plîs** = *Yes, [I do], please*
- **Nag oes, dw i'n <u>iawn</u>** = *No, I'm <u>alright</u>*
- **Oes, ond dw i'n <u>llawn</u>** = *Yes, but I'm <u>full</u>*
- **T'yd o 'ne 'te!** = *Go on then!*
- **Am gwestiwn <u>twp</u>!** = *What a <u>stupid</u> question!*
- **Mwy o be'?** = *More [of] what?*
- **Be' sy' ar ôl?** = *What's left?*
- **Dim gormod** = *Not too much/many*

• **llai (o)** = *less (of)* • **gormod (o)** = *too much/many (of)* • **wrth gwrs** = *of course* • **yn amlwg** = *obviously* • **amdani!** = *bring it on!*	**Southern:** Ti moy'n mwy? **Standard:** Wyt ti eisiau mwy? **Formal:** A oes eisiau mwy arnat?

Pwy sy' 'di 'neud hwnna?

Who's done that?

NODIADAU GRAMADEGOL | *Grammatical Notes*

- I can imagine it now... you walking into your lovely **lolfa** (= *living room*, but can translate as '*place of nonsense*'!) and seeing destruction on a cosmic scale. Then in you come ready to kick off in God's own language. Awesome!
- Note how **wedi** has again contracted to **'di**.

YMATEBION ENGHREIFFTIOL | *Example Responses*

- **Dw i'n meddwl mai ___ 'naeth** = *I think ___ did it*
- **Welish i'm byd** = *I didn't see anything*
- **___ 'naeth o!** = *___ did it!*
- **Dw i'm 'di 'neud dim byd!** = *I haven't done anything!*
- **Pwy 'naeth be'?** = *Who did what?*

• **fi** = *me* • **ti** = *you* • **fo** = *him* • **hi** = *her* • **ni** = *us* • **nhw** = *them*	• **Southern:** Pwy sy' (we)di 'neud na? • **Standard:** Pwy sy' wedi gwneud hynny? • **Formal:** Pwy sydd wedi gwneud hynny?

Pwy 'nest ti weld yna?

Who did you see there?

NODIADAU GRAMADEGOL | *Grammatical Notes*

- **'Nest ti weld** is interchangeable with **welest ti** or **welaist ti**. **Ddaru di weld** is uncommon, but exists.
- A good way to remember **yna** (*there*) is by how similiar it is to **yma** (*here*). Both can add a **d-** making them become **dyna** (*that's/there's (a)*) and **dyma** (*this is/here's (a)*).

YMATEBION ENGHREIFFTIOL | *Example Responses*

- **'Nes i weld ___** = *I saw ___*
- **Roedd ___ yno** = *___ was there*
- **Pam t'isio gw'bod?** = *Why do you wanna know?*
- **Neb 'sa ti'n 'nabod** = *No one you'd know*
- **Jyst y bobl o('r)...** = *Just the people from (the)...*

• **neb** = *no one* • **pawb** = *everyone* • **'mond...** = *only* • **y bobl o...** = *the people from...* • **llawer o bobl** = *loads of people* • **y rhai arferol** = *the usual [ones]*	• **Southern:** Pwy welest ti 'na? • **Standard:** Pwy welaist ti yna? • **Formal:** Pwy (y'i g)welaist yna?

Pwy oedd yno?

Who was there?

NODIADAU GRAMADEGOL | *Grammatical Notes*

- Rather unprofessionally, I'm going to admit that I'm not 100% sure on this next fun fact! The difference between **yna** (*there*) and **yno** (*there*) is that **yna** suggests a location you can physically see and **yno** suggests a place not currently in view. Go and check with someone cleverer!

YMATEBION ENGHREIFFTIOL | *Example Responses*

- **'Nes i weld ___** = *I saw ___*
- **Roedd ___ yno** = *___ was there*
- **Pam t'isio gw'bod?** = *Why do you wanna know?*
- **Neb 'sa ti'n 'nabod** = *No one you'd know*
- **Jyst y bobl o('r)...** = *Just the people from (the)...*

- **pawb** = *everyone*
- **ffrind(ie) fi** = *my friend(s)*
- **staff** = *staff*
- **(y) <u>teulu</u> i gyd** = *all the <u>family</u>*
- **brawd <u>Owen</u>** = *<u>Owen</u>'s brother*
- **nain <u>Elan</u>** = *<u>Elan</u>'s grandmother*

- **Southern:** Pwy o'dd (y)no?
- **Standard:** Pwy oedd yno?
- **Formal:** Pwy oedd yno?

Pwy 'sa'n licio hwnna?

Who would like that?

NODIADAU GRAMADEGOL | *Grammatical Notes*

- Another opportunity here to trade in a verb. Swap **licio** (*to like*) for something like **trïo** (*to try*), **prynu** (*to buy*), or **b'yta** (*to eat*) to form a whole new question. You're welcome.

YMATEBION ENGHREIFFTIOL | *Example Responses*

- **Fi!** = *Me!*
- **Dw i'n meddwl 'sa ___ yn** = *I think [that] ___ would*
- **'Sgenai'm syniad** = *I've got no idea*
- **Ti 'di gofyn i <u>Andy</u>?** = *Have you asked <u>Andy</u>?*
- **Fysa ___ yn licio?** = *Would ___ like [it/to]?*

- **pawb** = *Everyone*
- **ffrind(ie) fi** = *My friend(s)*
- **r'wun sy'n...** = *someone who's...*
  - **wallgo'** = *mad*
  - **dwp** = *stupid*
  - **dysgu** = *learning*

- **Southern:** Pwy fydde'n lic'o 'na?
- **Standard:** Pwy fasai'n/fyddai'n hoffi hynny?
- **Formal:** Pwy fuasai'n hoffi hynny?

Pwy sy' wrth y drws?

Who's at the door?

NODIADAU GRAMADEGOL | *Grammatical Notes*

- Given that everyone seems to have video-doorbells these days, this question will probably be redundant by the time this book comes out!
- Fun fact while you're here, **drws** is actually the thing that one opens and closes. **Dôr** (and also **porth**) is used to mean the actual *doorway* through which one passes.

YMATEBION ENGHREIFFTIOL | *Example Responses*

- **Dw i'm yn siŵr iawn** = *I'm not too sure*
- **Cer i sbïo!** = *Go and look!*
- **'Nes i'm clywed (c)nocio** = *I didn't hear [any] knocking*
- **'Nes i ordro r'wbeth** = *I ordered something*
- **Sut dw i fod i w'bod?** = *How am I supposed to know?*

- **neb** = *no one*
- **parsel i fi** = *a parcel for me*
- **diethryn** = *a stranger*
- <u>**Llŷr**</u> **o ddrws nesa'** = <u>*Llŷr*</u> *from next door*

Southern: Pwy sy' wrth y drws/ddôr?
Standard: Pwy sydd wrth y drws?
Formal: Pwy sydd wrth y drws?

Pryd ti'n gweithio wsos 'ma?

When are you working this week?

NODIADAU GRAMADEGOL | *Grammatical Notes*

- Being an adult is grim when you think back to the times when you didn't have to work around your job to spend time with the people you love… but I digress. Trade out **gweithio** (*to work*) for an other verb for a brand new question each time. Winner!

YMATEBION ENGHREIFFTIOL | *Example Responses*

- **Dw i fod i weithio…** = *I'm supposed to work [on]…*
- **Dw i'm yn gw'bod eto** = *I don't know yet*
- **Gen i'r penwsos i ffwrdd** = *I've got the weekend off*
- **Dw i'n gorffen am <u>dri</u> bob nos** = *I finish at <u>three</u> every night*
- **Trwy'r dydd heddiw a 'fory** = *All day today and tomorrow*

- **tan** = *until*
- **hwyr** = *late*
- **yn y bore** = *in the morning*
- **yn y p'nawn** = *in the afternoon*
- **yn y nos** = *in the / at night*

Southern: Pryd (w') ti'n gw(e)ith'o wythnos 'ma?
Standard: Pryd wyt ti'n gweithio wythnos yma?
Formal: Pryd wyt yn gweithio'r wythnos hon?

Tan pryd mae'r siop ar agor?

Until when is the shop open?

NODIADAU GRAMADEGOL | *Grammatical Notes*

- Not much else to say here other than that you can swap out the word **siop** to ask about until when other places might be open this evening.

YMATEBION ENGHREIFFTIOL | *Example Responses*

- **Cau am ddeg, dw i'n meddwl** = *Shuts at ten, I think*
- **Pam? Be' 'den ni angen?** = *Why? What do we need?*
- **'Naeth o gau am...** = *It closed at...*
- **Mae hi agor trw'r nos** = *It's open all night*
- **Cer ar-lein i weld** = *Go online and see*
- **'Sa ___ yn gw'bod** = *___ would know*

- **fel arfer** = *usually*
- **heno** = *tonight*
- **ar benwsos** = *on a weekend*
- **yn barod** = *already*
- **o'r gloch** = *o'clock*

Southern: Tan pryd ma'r siop ar agor?
Standard: Tan pryd mae'r siop ar agor?
Formal: Tan pryd (y) mae'r siop ar agor?

Pryd 'nest ti hwnna?

When did you do that?

NODIADAU GRAMADEGOL | *Grammatical Notes*

- As mentioned elsewhere in this book, **'neud** means both *to do* and *to make*, meaning this question can also mean *'when did you make that?'*

YMATEBION ENGHREIFFTIOL | *Example Responses*

- **'Nes i orffen (am)...** = *I finished (at)...*
- **Tua mis yn ôl** = *About a month ago*
- **Newydd orffen** = *Just finished [it]*
- **Pan 'on i yn y(r)...** = *When I was in the...*
- **Llynedd, os cofia' i'n iawn** = *Last year, if I remember rightly*
- **Dw i heb orffen eto** = *I haven't finished yet*

- **newydd ___** = *have just ___*
- **___ yn ôl** = *___ ago*
- **tua** = *about, approximately*
- **ar ddydd ___** = *on ___day*
- **ar nos ___** = *on ___day night*

Southern: Pryd 'nest ti hwnna?
Standard: Pryd (g)wnest ti hynny?
Formal: Pryd (y) gwnest hynny?

Ers pryd o'ddet ti'n teimlo fel 'na?

Since when have you felt like that?

NODIADAU GRAMADEGOL | *Grammatical Notes*

- The eagle-eyed amongst you might have spotted that the Welsh question uses **o'ddet** (*were you*) and the English translation says **have you** (*wyt ti wedi*). Subtle difference... go and cry about it somewhere else!

YMATEBION ENGHREIFFTIOL | *Example Responses*

- **Ers oesoedd** = *Since/For ages*
- **Tua <u>mis</u> yn ôl** = *About a <u>month</u> ago*
- **Ers dod 'nôl o...** = *Since coming back from...*
- **Ond 'nes i gael sgwrs efo...** = *But I had a chat with...*
- **Ond dw i'n well rŵan** = *But I'm better now*

- **trist** = *sad*
- **nerfus** = *nervous*
- **di-galon** = *downhearted*
- **poeni** = *to worry*
- **gwella** = *to get better*
- **trafod** = *to discuss*

Southern: Ers pryd o' ti'n t'imlo fel 'na?
Standard: Ers pryd oeddet ti'n teimlo fel hynny?
Formal: Ers pryd ('r)oeddet yn teimlo fel hynny?

Pryd ddylsen ni adael?

When should we leave?

NODIADAU GRAMADEGOL | *Grammatical Notes*

- **Dylsen** can also be written without the **s**.
- Once again, **rhywbeth** is a common way of shortening **unrhyw beth**; although the former strictly translates as *'something'* and the latter translates as *'anything'*

YMATEBION ENGHREIFFTIOL | *Example Responses*

- **Dylsen ni adael tua...** = *We should leave about...*
- **Pryd bynnag 'den ni'n barod** = *Whenever we're ready*
- **Rhaid i ni fynd erbyn...** = *We('ll) have to go by...*
- **'Sa'n well gadael am...** = *It'd be better to leave at...*
- **Be' am...?** = *What about...?*
- **Dw i'm yn meddwl dylsen ni** = *I don't think we should*

- **rŵan / 'nawr** = *now*
- **mewn munud** = *in a <u>minute</u>*
- **erbyn <u>deg</u>** = *by <u>ten</u>*
- **ar ôl i fi...** = *after I...*
- **cyn <u>un</u> o'r gloch** = *before <u>one</u> o'clock*

- **Southern:** Pryd dylen ni adael?
- **Standard:** Pryd dylen ni adael?
- **Formal:** Pa bryd y dylem ni adael?

Lle ti'n ffansïo mynd, 'te?

Where do you fancy going, then?

NODIADAU GRAMADEGOL | *Grammatical Notes*

- **Ffansïo** is another common verb nabbed straight from English. Fun fact; much like other borrowed verbs like **trïo** (*to try*), **sgïo** (*to ski*), **crïo** (*to cry*), **ffrïo** (*to fry*), etc, the common **-io** ending for verbs adds to the final **-i** to form an **ï**. That make no sense whatsoever, did it?
- **'Te** (or **'ta** in the north west) is a tag used to express '*then*'. **'Lly** (from **felly** = *therefore*) is also heard.

YMATEBION ENGHREIFFTIOL | *Example Responses*

- **Dw i'm yn meindio** = *I don't mind*
- **Dewis di** = *You choose, your choice*
- **Dw i'n ffansïo...** = *I fancy...*
- **Ti 'di bod i ___ erioed?** = *Have you ever been to ___?*
- **'Swn i'n caru mynd i...** = *I'd love to go to...*

• **i'r...** = *to the...* • **(un)r'w le** = *anywhere* • **lle bynnag** = *wherever* • **nunlle** = *nowhere* • **y(r) ___ newydd** = *the new ___*	**Southern:** Ble (w') ti'n ffansïo mynd, 'te? **Standard:** Ble wyt ti'n ffansïo mynd, felly? **Formal:** (I) ble wyt ti'n ffansïo mynd, felly?

Lle dw i fod i barcio?

Where am I supposed to park?

NODIADAU GRAMADEGOL | *Grammatical Notes*

- The term **i fod (i)** translates literally as *to be*, but it's used in Welsh to suggest '*supposed to be*'. Remember that the preposition **i** will cause a soft mutation.

YMATEBION ENGHREIFFTIOL | *Example Responses*

- **Fan'na!** = *There!*
- **Mae 'na le yna** = *There's [a] space/room there*
- **Mae'n llawn 'ma** = *It's full here*
- **'Sdim ots** = *It doesn't matter*
- **Be' sy' rownd yna?** = *What's round there?*
- **Ydyn nhw'n gadael?** = *Are they leaving?*

- **draw 'na** = *over there*
- **fan hyn** = *[right] here*
- **lle gwag** = *(an) empty space*
- **ene 'nene** = *over there (north east)*
- **wnco mwnco** = *yonder (south west)*

Southern: Ble dw i fod i barc(i)o?
Standard: Ble ydw i i fod i barcio?
Formal: Ym mha le ydw (i) i fod i barcio?

Pam oedd y drws ar agor?

Why was the door open?

NODIADAU GRAMADEGOL | *Grammatical Notes*

- Notice how **roedd** has become **oedd** after '**Pam**'
- **Ar agor** actually translates as '*on open*'. This construction is also used in phrases like **ar werth** (*for sale*), **ar gau** (*closed*) et al.

YMATEBION ENGHREIFFTIOL | *Example Responses*

- **Dw i'm yn siŵr** = *I'm not sure*
- **Dw i'm yn gw'bo'** = *I don't know*
- **Dydy o ddim!** = *It isn't!*
- **Roedd ___ newydd fod** = *___ had just been*
- **Dw i newydd gau o** = *I've just closed it*
- **Oedd o?** = *Was it?*

- **agor** = *to open, opening*
- **cau** = *to close, closing*
- **dim syniad** = *no idea*
- **caewch o!** = *close it!*
- **rheswm** = *(a) reason*

- **Southern:** Pam o'dd y drws ar agor?
- **Standard:** Pam oedd y drws ar agor?
- **Formal:** Pam oedd y drws ar agor?

Pam 'sa' ti'n 'neud hwnna?

Why would you do that?

NODIADAU GRAMADEGOL | *Grammatical Notes*

- Clearly, this question is for those times when someone's done something soft... which is rather common when I'm around. Play around with substituting **'neud** for other verbs to ask new questions.

YMATEBION ENGHREIFFTIOL | *Example Responses*

- **Achos 'on i'n...** = *Because I was...*
- **Achos 'on i isio...** = *Because I wanted (a/to)...*
- **'Oni'n trïo...** = *I was trying to...*
- **Ddrwg gen' i** = *[I'm] sorry*
- **Dwmbo!** = *Dunno!*

- **(y) lembo** = *(you) idiot*
- **(y) twpsyn** = *(you) silly thing*
- **peryglus** = *dangerous*
- **gwirion** = *silly*
- **codi ofn** = *scary*
- **wastraff amser** = *waste of time*

- **Southern:** Pam fyddet ti'n 'neud hwnna?
- **Standard:** Pam fyddet/faset ti'n 'neud hwnna?
- **Formal:** Pam fyddet/fuaset ti'n gwneud hynny?

Pam 'sa'n well gen ti hwnna?

Why would you prefer that?

NODIADAU GRAMADEGOL | *Grammatical Notes*

- **(G)well** translates as '*better.*' The whole construction tranlates literally as '*why would it be* better *with you?*'

YMATEBION ENGHREIFFTIOL | *Example Responses*

- **Achos mae'n well!** = *Because it's better!*
- **Dw i'm yn licio'r llall** = *I don't like the other [one]*
- **Achos mae'n fwy...** = *Because it's more...*
- **Achos ma' hwn yn llai...** = *Because this [one] is less...*
- **Ma' hwn yn <u>bwysicach</u>** = *This is more <u>important</u>*

• **addas** = *suitable, appropriate* • **gwell** = *better* • **y llall** = *the other [thing]* • **mwy defnyddiol** = *more useful* • **mwy hwyl** = *more fun* • **bwysicach** = *more important*	**Southern:** Pa fydde'n well 'da ti hwnna? **Standard:** Pam fyddai'n/fasai'n well gen'/'da ti hynny? **Formal:** Pam fyddai'n/fuasai'n well gennyt hynny?

Be' ti'n trïo 'neud yna?

What are you trying to do there?

NODIADAU GRAMADEGOL | *Grammatical Notes*

- **Trïo** is clearly a direct borrowing from *to try* in English. The standard term is **ceisio**. **Cais** is *an attempt* or *a try* (in rugby). **Ymgais** is *an attempt*.

YMATEBION ENGHREIFFTIOL | *Example Responses*

- **Dw i'm yn gw'bod!** = *I don't know!*
- **Dw i'n trïo…** = *I'm trying to…*
- **On i'n trïo (bod yn)…** = *I was trying (to be)…*
- **Dw i wrthi'n…** = *I'm [currently / in the process of]…*
- **'Oedd ___ 'di gofyn i fi…** = *___ has asked me to…*

• **creu** = *to create* • **'neud** = *to do, to make* • **esbonio** = *to explain* • **sicrhau** = *to ensure* • **dysgu** = *to learn, to teach* • **tacluso** = *to tidy (up)*	**Southern:** Beth (w') ti'n trïo ti'n lico 'neud 'na? **Standard:** Beth wyt ti'n trïo wneud yna? **Formal:** Beth wyt yn ceisio ei wneud yna?

Faint 'nest ti dalu am hwnna?

How much did you pay for that?

NODIADAU GRAMADEGOL | *Grammatical Notes*

- **Talu** (*to pay*) is a fun one to explore. **Tâl** is *a wage*, **taliad** is *a payment*, **taladwy** means *payable*, and **talcen** means *forehead*. Wait...!?!

YMATEBION ENGHREIFFTIOL | *Example Responses*

- **Dim lot** = *Not a lot*
- **Oedd o tua ___ punt** = *It was about ___ pounds*
- **Llai na 'se' ti'n disgwyl** = *Less than you'd expect*
- **'Mond...** = *Only...*
- **Dio'm yn bwysig** = *It's not important*
- **'Sdim ots** = *It doesn't matter*

- **___ punt** = *___ pound(s)*
- **___ ceiniog** = *___ pence*
- **gormod** = *too much*
- **rhatach na** = *cheaper than*
- **drutach na** = *more expensive than*

Southern: Faint dalest ti am hwnna?
Standard: Faint dalaist ti am hwnna?
Formal: Faint dalaist am hynny?

Faint oedd y bwyd yn costio?

How much did the food cost?

NODIADAU GRAMADEGOL | *Grammatical Notes*

- Although the English sentence employs the simple past tense (expressed in Welsh as **costiodd**), Welsh prefers the habitual past (ie something *was costing*). This is because the cost of something is usually consistent and ensuring.

YMATEBION ENGHREIFFTIOL | *Example Responses*

- ___ **oedd o** = *It was ___*
- **Roedd o'n costio...** = *It cost...*
- **Dw i'n meddwl bod o tua...** = *I think it was about...*
- **'Nes i dalu ___ amdano** = *I paid ___ for it*
- **Dim lot, os cofia' i'n iawn** = *Not a lot, if I remember rightly*

- **pris** = *price*
- **rhad** = *cheap*
- **drud** = *expensive, dear*
- **gormod** = *too much*
- **llai na'r disgw'l** = *less than expected*

Southern: Faint oedd y bwyd yn cost(i)o?
Standard: Faint oedd y bwyd yn [ei] gostio?
Formal: Faint oedd y bwyd yn [ei] gostio?

Faint o weithie est ti yna?

How many times did you go there?

NODIADAU GRAMADEGOL | *Grammatical Notes*

- Notice how faint will always employ **o** (*of*) when linking with a noun. Said noun must be softly mutated and must be plural. The only exception (I can think of) is **pobl** (= *people*) which is actually a feminine singular noun.
- **Weithie** is the north eastern (and south western) pronunciation of **weithiau** (= *(some)times*).

YMATEBION ENGHREIFFTIOL | *Example Responses*

- 'Mond <u>unwaith</u> = *Only <u>once</u>*
- <u>Sawl</u> gwaith = *<u>Many</u> times*
- Dw i'n mynd bob (yn ail) ___ = *I go every (other) ___*
- Es i lot pan 'on i'n iau = *I went a lot when I was younger*
- Roedd y teulu'n mynd... = *The family used to go...*

• <u>pum</u> diwrnod = <u>*five*</u> *days* • am <u>wsos</u> = *for a <u>week</u>* • dros <u>benwsos</u> = *over a <u>weekend</u>* • tua <u>mis</u> = *about a <u>month</u>* • <u>pum</u> gwaith y flwyddyn = <u>*five*</u> *times a year*	**Southern:** Faint o weith(i)e est ti 'na? **Standard:** Faint o weithiau est ti yna? **Formal:** Faint o weithiau est yna?

Sut dw i fod i helpu ti?

How am I supposed to help you?

NODIADAU GRAMADEGOL | *Grammatical Notes*

- The term **i fod (i)** translates literally as *to be*, but it's used in Welsh to suggest *'supposed to be'*. Remember that the preposition **i** will cause a soft mutation.
- Whereas some dialects will say **helpio** instead of **helpu**, the standard term for *to help* or *to aid* is **cynorthwyo**.

YMATEBION ENGHREIFFTIOL | *Example Responses*

- **Dw i angen (i) ti...** = *I need you to...*
- **'Na hwnna i fi** = *Do that for me*
- **'Se ti'n meindio...?** = *Would you mind...?*
- **'Nei di ddal hwnna?** = *Will you hold that?*
- **'Se ti'n gallu ___ i fi?** = *Would you be able to ___ for me?*

- **trwy** = *by, through*
- **os ti'n...** = *if you...*
- **dalia hwn!** = *hold this!*
- **ty'd â hwnna!** = *bring that!*
- **helpa fi!** = *help me!*

Southern: Sut dw i fod i helpu/helpo ti?
Standard: Sut ydw i i fod i dy helpu [di]?
Formal: Sut ydw i i fod i dy gynorthwyo?

Sut un ydy o?

What kind of [a] person is he?

NODIADAU GRAMADEGOL | *Grammatical Notes*

- **O** (and **e** in southern dialects) is largely used nowadays for '*it.*' Strictly, this should only happen when the thing to which '*it*' is referring is a masc. noun; otherwise **hi** is used. With this in mind, it's possible to also translate this question as '*what kind of person is it?*'... not that such makes a great deal of sense!

YMATEBION ENGHREIFFTIOL | *Example Responses*

- **Duw, mae o'n <u>iawn</u>** = *Gosh, he's <u>alright</u>*
- **Dw i 'di clywed fod o'n...** = *I've heard [that] he's...*
- **Mae o i fod yn...** = *He's supposed to be...*
- **Boi <u>neis</u>** = *<u>Nice</u> chap*
- **Dw i heb glywed pethe <u>da</u>** = *I haven't heard <u>good</u> things*

- **<u>braf</u> iawn** = *very <u>nice</u>*
- **ffeind, caredig** = *kind, benevolent*
- **cyfeillgar** = *friendly*
- **hapus <u>helpu</u>** = *happy to <u>help</u>*
- **gynno fo amser i bawb** = *he's got time for everyone*

Southern: Shwt un yw e?
Standard: Sut un yw e / ydy o?
Formal: Sut un ydyw [ef]?

Sut oedd o neithiwr?

How was it last night?

NODIADAU GRAMADEGOL | *Grammatical Notes*

- Given that **o** can also suggest *he*, this question could also mean '*how was he last night?*'
- Although you'll possibly hear '*nos ddiwethaf*' for *last night*, the correct term is **neithiwr**. In addition, **echdoe** is *the day before yesterday* and **echnos** is *the night before last night*.

YMATEBION ENGHREIFFTIOL | *Example Responses*

- **Roedd o'n...** = *It was...*
- **Paid gofyn!** = *Don't ask!*
- **'Nes i yfed gormod** = *I drank too much*
- **'On i'n <u>dawnsio</u> tan un** = *I was <u>dancing</u> until one*
- **Ddigwyddodd ddim byd** = *Nothing happened*

• **hwyl** = *fun* • **cyffrous** = *exciting* • **werth o** = *worth it* • **diflas** = *boring, miserable* • **iawn** = *alright, okay* • **siomedig** = *disappointing*	**Southern:** Shwt o'dd e n'ith(i)wr? **Standard:** Sut roedd [o/e/hi] neithiwr? **Formal:** Sut roedd neithiwr?

Sut ei di yna?

How will you get/go there?

NODIADAU GRAMADEGOL | *Grammatical Notes*

- **Ei di** can also be, and is often, heard as **'nest ti fynd** or **ddaru di fynd**.
- Notice how the verb '*to get*' in this case is expressed as '*to go*' in Welsh. This is common in phrases like '*it's getting cold*' > '**mae'n mynd yn oer**' (or '**mae'n oeri**').
- Fun fact: **yna** suggests the '*over there*' that you can physically see, whereas **yno** is the '*over there*' you can't.

YMATEBION ENGHREIFFTIOL | *Example Responses*

- **A' i ar y trên** = *I'll go on the train*
- **Wna' i gael tacsi** = *I'll get a taxi*
- **Mewn ___, mae'n debyg** = *In a ___, probably*
- **Dwmbo eto** = *Dunno yet*
- **Dw i dal yn meddwl** = *I'm still thinking*

- **awyren** = *aeroplane*
- **trên** = *train*
- **beic** = *bike*
- **car** = *car*
- **bws** = *bus*
- **llong / cwch** = *ship / boat*

Southern: Shwt ei di 'na?

Standard: Sut ei di yna?

Formal: Sut ei yna?

Sut 'nawn ni hwnna?

How will we do that?

NODIADAU GRAMADEGOL | *Grammatical Notes*

- **'Nawn ni** derives from **gwneud** which means *'to do'* or *'to make'*. This leaves **'nawn ni** to mean both *'we will do'* as well as *'we will make'*.

YMATEBION ENGHREIFFTIOL | *Example Responses*

- **'Sa'n rhaid i ni...** = *We'd have to...*
- **Bydd rhaid i ni...** = *We'll have to...*
- **'Nawn ni sbïo ar <u>YouTube</u>!** = *We'll look at <u>YouTube</u>!*
- **Dylsen ni ofyn i...** = *We should ask...*
- **Be' am drïo fel hyn?** = *What about trying [it] like this?*
- **Dw i'm yn siŵr** = *I'm not sure*

• **dechrau** = *to start* • **wedyn** = *then, after(wards)* • **trïo** = *to try (to)* • **chwilio am** = *to search for* • **ail-'neud** = *to re-do* • **awgrymu** = *to suggest*	**Southern:** Shwt 'nawn ni 'na? **Standard:** Sut wnawn ni hynny? **Formal:** Sut y gwnawn ni hynny?

Pa un t'isio?

Which one do you want?

NODIADAU GRAMADEGOL | *Grammatical Notes*

- Many dialects will couple **pa** and **un** together to create **p'un**.

YMATEBION ENGHREIFFTIOL | *Example Responses*

- **Hwnna!** = *That [one]!*
- **Dewis di un i fi** = *[You] choose one for me*
- **Fedra' i gael hwnna?** = *Can I get that [one]?*
- **Dw i methu dewis** = *I can't choose*
- **'Sa'r un yna'n <u>neis</u>** = *That one'd be nice*
- **Dw i'm isio un, diolch** = *I don't want one, thanks*

• **ar gael** = *available* • **hyn** = *this [one]* • **y ddau** = *both* • **pob un** = *every [single] one* • **y llall** = *the other [one]* • **y(r) ___ arall** = *the other ___*	**Southern:** P'un ti mo'yn? **Standard:** Pa un wyt ti eisiau? **Formal:** Pa un sy' eisiau arnat [ei gael]?

Pa un 'sa'n well gen ti gael?

Which one would you prefer to get/have?

NODIADAU GRAMADEGOL | *Grammatical Notes*

- The **gael** (*to get, to have*) in this question could be omitted.

YMATEBION ENGHREIFFTIOL | *Example Responses*

- **'Swn i'n licio('r)...** = *I'd like (the)...*
- **'Sa ___ yn well gen i('r)...** = *I'd prefer (the) ___ ...*
- **R'wbeth ond hwnna** = *Anything but that*
- **Dw i methu dewis** = *I can't choose*
- **Helpa fi ddewis** = *Help me choose*
- **Os 'dio'n iawn** = *If it's alright*

• **posib(l)** = *possible* • **dewis** = *to choose, (a) choice* • **hwnna** = *that [one]* • **rhei'na** = *those [ones]* • **ar wahân i...** = *apart from...* • **plîs** = *please*	**Southern:** P'un fydde'n well 'da ti ga'l? **Standard:** Pa un fasai'n/fyddai'n well gen/'da ti gael? **Formal:** Pa un fuasai'n/fyddai'n well gennyt ei gael?

Pa dd'wrnod 'nest ti weld nhw?

Which day did you see them?

NODIADAU GRAMADEGOL | *Grammatical Notes*

- **Pa** (= *which*) causes a soft mutation.
- **D'wrnod** denotes a 24-hour period, **dydd** denotes the time where the Sun is up.
- **Nhw** on its own means *them*. Used with a verb it usually means *they*.

YMATEBION ENGHREIFFTIOL | *Example Responses*

- **'Nes i weld nhw (ar)...** = *I saw them (on)...*
- **Roedden nhw efo fi yn y...** = *They were with me in the...*
- **Dw i'n meddwl [mai] ___ oedd o** = *I think [that] it was ___*
- **Oedden nhw yma ar...** = *They were here on...*
- **Dw i heb weld nhw eto** = *I haven't seen them yet*

• **dydd llun** = *monday* • **nos fawrth** = *tuesday night* • **dydd iau** = *thursday* • **nos sul** = *sunday night* • **echdoe** = *day before yesterday* • **echnos** = *night before last night*	**Southern:** Pa ddiwrnod welest ti nhw? **Standard:** Pa ddiwrnod welaist ti nhw? **Formal:** Pa ddiwrnod y'u gwelaist?

Ti 'di 'neud yr ailgylchu?

Have you done the recycling?

NODIADAU GRAMADEGOL | *Grammatical Notes*

- **Ail** (*second*) is an awesome term to know and use. On top of it meaning *second* (ie between first and third), it can be 'extended' to **eiliad** to mean *(a) second* (ie 1/60th of a minute) and added to verbs to express *re-* > **ailagor** = *to reopen*, **ailddarllen** = *to re-read*, **ail-gychwyn** = *to restart*.

YMATEBION ENGHREIFFTIOL | *Example Responses*

- **Do / Naddo** = *Yes / No*
- **'Nes i (o) neithiwr** = *I did it last night*
- **Tro ti oedd o** = *It was your turn*
- **Damia, 'nes i anghofio** = *Drat, I forgot*
- **'Na' i ['neud] o yn y bore** = *I'll do it in the morning*

• **biniau** = *bins* • **bagiau** = *bags* • **lorïau** = *lorries* • **(dim) eto** = *(not) yet* • **ar fin 'neud** = *just about to [do]*	**Southern:** (W') ti wedi 'neud yr ailgylchu? **Standard:** Wyt ti wedi gwneud yr ailgylchu? **Formal:** A wyt wedi gwneud yr ailgylchu?

Pryd ti am ddechre 'neud bwyd?

When are you going to start making food?

NODIADAU GRAMADEGOL | *Grammatical Notes*

- **Am** is usually used to mean *about* or *for*, depending on the sentence. Here, however, it can be used to express a desire to do something. It can also be used in place of **eisiau** or **mynd i** to show said intention/desire.
- **Dechre** is the north eastern and southern pronunciation of **dechrau**. One will hear **dechra** in the north west.

YMATEBION ENGHREIFFTIOL | *Example Responses*

- **'On i'n meddwl am 'neud** = *I was thinking about making (a)*
- **'On i am nôl têcawê** = *I was gonna fetch a <u>takeaway</u>*
- **Dw i heb fod siopa eto** = *I haven't been shopping yet*
- **Pan dw i'n gw'bo' be t'isio...** = *When I know what you want*
- **Pan ti'n stopio mwydro!** = *When you stop pestering!*

- **paratoi** = *to prepare*
- **coginio** = *to cook*
- **cwcio** = *to cook (colloq.)*
- **ffwrn** = *(an) oven*
- **meicrowêf** = *microwave*

Southern: Pryd [w'] ti'n mynd i ddechre 'neud bwyd?
Standard: Pryd wyt ti'n mynd i ddechrau gwneud bwyd?
Formal: Pa bryd wyt ti am ddechrau gwneud bwyd?

Tan pryd mae'r siop ar agor?

When is the shop open until?

NODIADAU GRAMADEGOL | *Grammatical Notes*

- Just as should happen in English, Welsh tries its best to avoid prepositions etc at the end of clauses/sentences. It's for this reason that **tan** appears at the start here.
- **Tan** (*until*) can also be expressed as **nes**, but using this requires a version of **bod** (*to be*) to follow.

YMATEBION ENGHREIFFTIOL | *Example Responses*

- **Tan naw, os cofia' i'n iawn** = *Until <u>nine</u>, if memory serves*
- **<u>Canol nos</u>, fel arfer** = *<u>Midnight</u>, usually*
- **Mae'n cau am...** = *It closes at...*
- **Well i ti ffonio nhw** = *You'd best <u>phone</u> them*
- **Ydy o'n d'eud arlein?** = *Does it say online?*
- **Pam? Be' t'isio?** = *Why? What d'ya want?*

• **tan** = *until* • **agor** = *to open* • **ar agor** = *open(ed)* • **cau** = *to close* • **ar gau** = *closed* • **fel arfer** = *usually*	**Southern:** Tan pryd maer siop ar agor? **Standard:** Tan pryd mae'r siop ar agor? **Formal:** Tan pryd y mae'r siop ar agor?

Pryd 'nest ti hwnna?

When did you do/make that?

NODIADAU GRAMADEGOL | *Grammatical Notes*

- Don't worry too much if you think you won't understand whether someone's asking '*do*' or '*make*' here. Like most ambiguous terms in Welsh, the context will explain.

YMATEBION ENGHREIFFTIOL | *Example Responses*

- **'Nes i ('neud) o...** = *I did/made it...*
- **'On i 'di gorffen erbyn...** = *I'd finished [it] by...*
- **Gym'odd [o] <u>oriau</u>** = *It took <u>hours</u>*
- **Dw i'm yn cofio rŵan** = *I don't remember now*
- **Dim fi 'naeth!** = *It wasn't me who did/made [it]!*

• **ddoe** = *yesterday* • <u>**jyst rŵan**</u> = *just now* • <u>**munud**</u> **yn ôl** = *<u>a minute</u> ago* • **neithiwr** = *last night* • <u>**wsos**</u> **d'wetha** = *last <u>week</u>* • **ar ddydd ___** = *on ___day*	**Southern:** Pryd 'nest ti hwnna? **Standard:** Pryd wnest ti hynny? **Formal:** Pa bryd gwnest hynny?

Lle gest ti hwnna?

Where did you get that?

NODIADAU GRAMADEGOL | *Grammatical Notes*

- It's possible that people asking this question might wish to add the preposition **o** (*from*). If this is the case, it should (and often is) inserted at the beginning of the question.

YMATEBION ENGHREIFFTIOL | *Example Responses*

- **Ges i o...** = *I got it...*
- **'Naeth ___ roi(d) o i fi** = *___ gave it to me*
- **'Nes i brynu o yn...** = *I bought it in...*
- **Roedd o mewn <u>siop</u> yn...** = *It was in a <u>shop</u> in...*
- **Pan es i i...** = *When I went to...*

• **o** = *from (a)* • **o'r** = *from the* • **gan** = *from [someone]* • **r'wun yn...** = *someone in...* • **r'wle yn...** = *somewhere in...* • **mewn** = *in a*	**Southern:** Ble gest ti hwnna? **Standard:** Ble gest ti hynny? **Formal:** Ble cest [ti] hynny?

Sonia am waith ti.

Talk/mention about your work/job.

NODIADAU GRAMADEGOL | *Grammatical Notes*

- Ok, so this one's not strictly a question, but it can still spark conversation, right?
- Notice how the ending **-a** has been added to **sôn** (*to mention*). This is the informal/singular way of 'commanding' someone to do something. The formal/plural ending is **-wch**.

YMATEBION ENGHREIFFTIOL | *Example Responses*

- **Dw i'n gweithio i...** = *I work for, I'm working for...*
- **[Mae] Gen i swydd newydd yn...** = *I've got a new job in...*
- **Ro'n i'n arfer gweithio i...** = *I used to work for...*
- **Dw i'n trïo am swydd efo...** = *I'm trying for a job with...*
- **Dw i 'di ymddeol** = *I've retired*

- **ers** = *since*
- **i gwmni** = *for a company*
- **o'r enw** = *called, named*
- **swyddfa** = *office*
- **grŵp yn...** = *a group in...*

Southern: Sonia am waith ti.
Standard: Sonia am dy waith.
Formal: Sonia am dy waith (di).

Disgrifia wyliau gore ti.

Describe your best holiday.

NODIADAU GRAMADEGOL | *Grammatical Notes*

- As in the previous question, the verb **disgrifio** (*to describe*) has been coupled with the ending **-a** to form an informal command.
- The standard word for *best* is **gorau**. **Gore** will be seen/heard across Wales except for in the north west (and parts of the south east) where it'll be pronounced as **gora**.

YMATEBION ENGHREIFFTIOL | *Example Responses*

- **Lle bynnag sy'n <u>rhad</u>** = *Wherever's <u>cheap</u>*
- **Dw i'm yn meindio** = *I don't mind*
- **R'wle <u>yng Nghymru</u>** = *Anywhere <u>in Wales</u>*
- **R'wle lle ma' 'ne...** = *Anywhere where there is/are...*
- **'Swn i wastad yn osgoi hedfan** = *I'd always avoid flying*

- **ar draeth** = *on a beach*
- **mewn dinas** = *in a city*
- **ymlacio** = *to relax*
- **crwydro** = *to wander, to ramble*
- **tywydd <u>braf</u>** = <u>*nice*</u> *weather*

Southern: Disgrifia wylie gore ti?
Standard: Disgrifia dy wyliau gorau [di]?
Formal: Disgrifia dy wyliau gorau [di]?

Duda am deulu ti.

Tell [me/us] about your family.

NODIADAU GRAMADEGOL | *Grammatical Notes*

- Because **d'eud** is used to express *to say* and *to tell* in northern dialects, the informal command becomes **duda**. See below for other dialectal and standardised variations.
- Once again, the **dy** (*your*) has been replaced by the suffixal **di** (*of you*) to show the possession.

YMATEBION ENGHREIFFTIOL | *Example Responses*

- **Wel, mae gen i...** = *Well, I've got (a)...*
- **Mae o'n / hi'n / <u>Bedwyr</u> yn...** = *He / She / <u>Bedwyr</u> is...*
- **Mae fy ___ yn...** = *My __ is (a)...*
- **Maen nhw'n byw yn...** = *They live in...*
- **Ti'n nabod fy...?** = *Do you know my...?*

- **byw tramor** = *live(s) abroad*
- **wedi dod o** = *have come from*
- **ers** = *since*
- **sawl** = *a number of*
- **yn wreiddiol** = *originally*
- **'naeth ___ symud** = *__ moved*

Southern: Gweda am deulu ti?
Standard: D'weda am dy deulu di?
Formal: Dyweda am dy deulu (di)?

BONUS 'NAUGHTY' SECTION!

Be' ffwc ti'n 'neud?
What [the] fuck are you doing?

Pam ffwc 'nest ti hwnna?
Why [the] fuck did you do that?

Sut ffwc mae hwnna 'di digwydd?
How [the] fuck has that happened?

Pwy ffwc ti'n meddwl wyt ti?
Who [the] fuck do you think you are?

Be' uffar!?
What [the] hell!?

Pwy ydy'r hen ast 'na?
Who's that old bitch?

Ti'n trïo bod yn goc oen?
Are you trying to be a lamb's cock?

Iesgob w'annw'l dad, ti'n iawn?
Bloomin' 'eck, are you alright?

Pam ti'n malu cachu?
Why are you chatting shit?

FURTHER WORK!

Follow the situations below and come up with some potential questions for each:

- Write down some questions you'd feel confident answering and would be happy for someone to ask you.
- What sort of questions might you be asked on a radio interview about your Welsh-language journey?
- In your opinion, what's the most important / most useful question in this book?
- Come up with a question that should've been in this book.
- Which of these questions would be appropriate on a blind date?
- Which of these questions do you think you personally will use the most in your life?
- Which of these questions do you think you'll use the most this month?
- Which ones wouldn't be appropriate to say at the dinner table?

Nodiadau | *Notes*

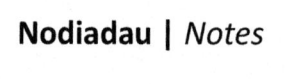

Nodiadau | *Notes*

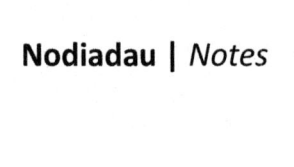

Nodiadau | *Notes*

Printed in Great Britain
by Amazon